SCRIPTORES SYRI

SERIES TERTIA — TOMUS XXV

VITAE VIRORUM

APUD MONOPHYSITAS CELEBERRIMORUM

CORPUS
SCRIPTORUM CHRISTIANORUM ORIENTALIUM

CURANTIBUS

I.-B. CHABOT, I. GUIDI
H. HYVERNAT, B. CARRA DE VAUX

SCRIPTORES SYRI

VERSIO

SERIES TERTIA — TOMUS XXV

VITAE VIRORUM
APUD MONOPHYSITAS CELEBERRIMORUM

I

PARISIIS
E TYPOGRAPHEO REIPUBLICAE

CAROLUS POUSSIELGUE, BIBLIOPOLA
15, RUE CASSETTE, 15

LIPSIAE : OTTO HARRASSOWITZ

MDCCCCVII

I

VITA ISAIAE MONACHI

AUCTORE ZACHARIA SCHOLASTICO

INTERPRETATUS EST

E. W. BROOKS.

Opus in duobus codicibus asservatur, nempe : 1° Brit. Mus. Add. 12, 174, et 2° Berolin. Sachau 321; de quibus pauca praefati sumus in nostra editione textus syriaci.

Haec autem vita, quae graece proculdubio scripta est, ab interprete, ut videtur, syro vel compilatore «Zachariae scholastico, qui historiam ecclesiasticam scripsit» (qui a ceteris appellatur «rhetor») attribuitur, quod utriusque operis comparatio confirmat; sed, quin auctor Zacharias scholasticus Gazensis fuerit, qui Severi vitam composuit, ob locum *Vitae Severi* (ed. Kugener, p. 83), vix dubitari potest; unde duos Zacharias eandem fuisse personam effici videtur; id quod negavit Kugener, argumentis operi quod nondum apparuit reservatis[1] : verum ut de hac re disputem spatium non suppetit. Cum opus Misaeli cubiculario inscriptum sit, id inter annos 492[2] et 518 vulgatum esse constat, sed materiam iam anno 488 collectam esse a loco vitae Severi supra citato probavit Kugener. Auctor se vitam Petri Iberi (cuius fragmentum in hoc volumine edidi) et vitam Theodori Antinoes (nunc deperditam) iam antea scripsisse adfirmat.

Notitia bibliographica :

a. Editio : J. P. N. LAND, *Anecdota Syriaca*, t. III, p. 346-356; Leiden, 1870.

---

[1] *Byz. Zeitschr.*, IX, p. 464, n. 1. — [2] KUGENER, *Rev. de l'Orient Chrét.*, V, p. 206, et *Byz. Zeitschr.*, IX, p. 469.

b. Versio germanica : K. Ahrens et G. Krüger, *Die sogenannte Kirchengeschichte des Zacharias Rhetor in deutscher Ubersetzung herausgegeben*, p. 263-274, cum doctis adnotationibus (p. 385-387); Leipzig, 1899.

Vide etiam M. A. Kugener, *Observations sur la vie de l'ascète Isaïe, etc. (Byz. Zeitschr.*, IX, p. 464 sqq.), 1900.

E.W.B.

Historiis quae prius narratae sunt tertium adiunxi Isaiam prophetam secundum huius generationis nostrae[1], qui fidei et rectae
opinionis et vitae rationum cum his *viris* illustribus et sacerdotibus
5 summis Petro et Theodoro in omni re particeps erat.

Hic[2] Theodorus monachus magnus erat in Aegypto, miraculo-
rum patrator : et, cum Timotheus episcopus esset Alexandriae
post Dioscorum, de eo *famam* audivit Timotheus, et misit eumque
comprehendit, et in Aegypto episcopum fecit, in urbe cui nomen
10 Ἀντινόου[3]. Et, cum tempus *nonnullum* in ea fuisset, Deo illic etiam
miracula per eum faciente, post Timothei mortem, cum res novas
contra ecclesiam excitatas esse vidisset, sede sua relicta discessit; et
abiit et in monasterio suo unde Timotheus eum ceperat habitavit;
et ibi secundum morem suum conversabatur, dum Deus miracula et
15 potestates et signa per eum facit et ab omni loco multi ad eum
veniunt et adiuvantur. Hic autem pater Isaias est cuius est liber
ille admonitionis. Hi enim tres beati uno tempore fuerunt, hic
beatus Petrus, et hic Theodorus, *et pater Isaias. Scripsit autem *p. 4.
etiam hanc historiam Zacharias scholasticus qui historiam ecclesias-
20 ticam scripsit.

Hic autem, quod ad virtutem attinet, magno Antonio, qui
post Paulum laudatissimum rationes vitae solitariae in Aegypto
incepit, gradu aequalis apparuit. Cuius vitae rationes in omni re
aemulatus, ipse se typum cunctae virtutis reliquit eis qui post eum
25 monachismi vitam culturi erant; cum corpore Aegyptius esset, animae autem nobilitate Hierosolymitanus, quae ipsa *urbs* urbem
supernam figurat et elevationem ad bonum primitivum loci ubi
eramus, ut dicit divinus Gregorius[4]. In Aegypto igitur educatus,
monachismi vitae se ipsum dedit; et imprimis eorum quibuscum
30 habitabat vitae ratione communi utebatur; et sub rectore erat, qui
ei monachismi habitum dedit. Brevi autem tempore contemptu corporis et fervore animae et observantia divinae imaginis adeo progrediebatur ut gratiam quae ei a Deo data est nemo non admirare-

---

[1] Cf. Zach. Rh., v, 9.; *Vit. Petr. Ib.* (ed. Raabe), p. 101 ff.; Zach., *Vit. Sev.*
(ed. Kugener), p. 78. — [2] Haec sectio ab interprete syro inserta esse videtur. —
[3] Cf. Zach. Rh., vi, 1, 2, 4; Zach., *Vit. Sev.*, l. c. — [4] Greg. Naz., *Or.* xxiv,
15; xxxiii, 12 (?).

tur; per quae pure et cum amore animam suam ei adplicuit, se ut
omnes homines ad vitae rationum perfectionem provocanti [1]. Et,
quia sibi prodesse iudicavit ut a laudibus hominum fugeret, se a
ceteris separavit, et in desertum ivit, et se ipsum Deo soli ostendebat, omnium rerum Creatori, qui a talibus animis amatur eas- 5
que amat, et servitium earum quaerit quod purum est et sincerum
et *ab omni macula liberum; et exinde totam operam huic rei dedit
ut omnia mandata eius perficeret. Quamobrem audito *mandato*,
«Dominum Deum tuum ex omni corde tuo et ex omni anima et ex
omni mente diliges, et vicinum tuum ut te ipsum»[2], postquam 10
trinitatem amoris qui Deo *debetur* perfecit, et omni corde et omni
anima et omni mente hunc amavit, vicinum etiam ut se ipsum adeo
amabat, ut, cum quidam ex eis qui illo tempore monachismi vitam
profitebantur ad eum intrasset et capite ac collo ob defectum tegu-
menti frigeret, cum eo pateretur et doleret, et ipse etiam eodem 15
modo propter illum frigeret; et, quia aliam tunicam non habebat eo
quod statuto divino parebat[3], semipallio quod super collum suum
positum erat in duas portiones diviso, unam portionem sibi retinue-
rit, alteram autem ei qui ad se venerat dederit[4] : adeo hic vir
sanctus mandatorum divinorum observator diligens erat. Igitur prop- 20
ter ascesim immensuratam, et ceteras virtutes quae his[5] adiunctae
sunt, et observantiam motuum animi, et contentionem vigilem contra diabolum et contra ceteros demones amaros, et propter humilita-
tem quae praecipue cum his contendit et omnem virtutem continet,
dona spiritalia diversa, praesertim scientiae et vaticinationis, a 25
Deo meritus est. Et, quia magna erat fama quae de eo in Aegypto
praevaluit, et testimonium *sapientiae quae ei de discrimine cogita-
tionum monachismi et omnis vaticinationis data est, et ob causam
horum donorum multi ad eum veniebant, et ei de his omnibus
gratulabantur, neque ei permittebatur ut modo quo volebat (et hoc 30
cum in deserto interiore habitaret) quietudine sibi dilecta frueretur,
placuit ut Aegyptum relinqueret et ad Palestinam veniret, ut a
laudibus hominum prorsus effugeret, quas plagas esse demonum
contra aures accipientium admotas putabat, et, cum commoratione
in terra aliena terram suam mutasset, hoc modo quietudinem ad- 35
quirere posset.

' p. 5.

' p. 6.

---

[1] Vel «admiraretur, per ea quae........anima eius sibi adiunxit, se.......
provocantem». — [2] Matth., xxii, 37, 39. — [3] Matth., x, 10. — [4] Similis
historia de S. Martino Turonensi nota est. — [5] Sic textus.

Cum Hierosolyma igitur venisset, postquam symbola adventus divini et passionum salutarium veneratus est, quorum symbolum est crux Domini nostri Iesu Christi, et post eam sepulcrum et resurrectionem tertii diei, ut in deserto habitaret Eleutheropoli 5 urbi vicino decrevit. Et, cum in hoc habitationem cepisset, nullo modo a sanctis omnibus in deserto Iordanis et in locis qui philosophiam exercentibus idonei sunt circa Hierosolyma et in omni Palestina habitantibus celari potuit, Dei gratia quae sibi data est in omni loco virum proclamante, et praecipue dono sapientiae 10 et vaticinationis. Quamobrem multi ad eum veniebant : *quorum* pars, cum ob causam pugnae demonum quae per cogitationes eis acciderat ad eum venirent, sanationem recipiebant, qui ei passiones suas revelabant, et ei etiam qui *passiones* ab eo celare conabantur, *eo quod Deus ei secretas cordis eorum cogitationes et de- *p. 7. 15 monum machinationes revelabat, eodem modo sanabantur : pars, quibus tristitiae instabant et quos rerum difficultas circumdabat, cum ad eum venirent, per preces eius et compassionem sibi *datam*, et per ea quae eis suadebat et admonebat eum difficultates suas accipere reperiebant. Multi autem qui a demonibus etiam tenta- 20 bantur et passionibus aliis corporaliter urgebantur, cum ei adpropinquarent, per Dei gratiam, quem diligenter venerabatur colebatque, sanatione qua egebat unusquisque eorum fruebatur[1]. Neque enim Aegyptii, monachi et saeculares, propter distantiam interpositam ad eum venire et utilitate spiritali ab eo *data* secundum mo- 25 rem frui desierunt. Adeo apud omnes homines, et Aegyptios et Palestinenses, celebris erat gratia quae ei a Deo data est, ut etiam saeculares quidam, ut antea dixi, de difficultatibus sibi accidentibus eum interrogarent. Qua de causa, cum servus *viri* cuiusdam cui nomen Nestorius scholastici, curialis a Gaza urbe, pecuniam huius 30 furatus fugisset, Nestorius quosdam Christum amantes qui ad eundem sanctum crebro veniebant obsecravit ut se cum eis ad eum ducerent, ut ab eo de rebus quae se vexabant disceret : et, quia cum eis ad eum venit, eum cum aliis qui prius venerant colloquentem invenit de *dicto* : «In imagine Dei *fuit homo»[2]; et, ne pu- *p. 8. 35 taretur velut ad hariolum quendam quales apud paganos sunt ob causam amissionis pecuniae tantum ad eum venisse, causa ob quam venerat ad tempus celata se interrogationem spiritalem fa-

---

[1] Sic textus, contra grammaticam. — [2] *Gen.*, 1, 27.

cere primo simulabat, eo quod eum rogavit : « Quomodo intelligere
debemus illud : In imagine Dei fuit homo? » Ille autem, cum causam propter quam ad eum venerat a Deo cognovisset, dixit ei :
« Significat illud « in imagine » ut, si, cum servus tuus pecuniam
tuam furatus fugerit, hunc cum pecunia illa invenire possis, nihil 5
prorsus mali ei inferas, sed ei culpam illam condones. « Este enim
« misericordes », dicit Dominus noster in Evangeliis, « sicut Pater
« vester qui in caelis misericors est, et solem suum in iustos et in
« iniustos oriri facit »[1], dum per haec nos ad similitudinem suam
et Patris sui provocat, et ad eandem imaginem in qua fuimus. » 10
Cum haec audiisset Nestorius et vidisset eum per unum responsum
etiam ad interrogationem in corde suo absconditam respondisse,
surrexit et coram Deo propter hoc in faciem incidit, se ob hanc
ipsam causam ad eum venisse confessus. Is autem dixit ei : « Si vis
igitur pecuniam illam invenire, mandatum illud Dei observa, et 15
es irae haud tenax, ut illud « in imagine » observes ; neve ob rationes
carnales tantum ad monachos venias, sed etiam ob animae utilitatem. » Ille autem se haec facturum professus ad regionem suam
rediit ; et paullo post illum servum suum invenit cum illa ipsa pe-
*p. 9. cunia quam furatus erat. Dionysius autem, qui et ipse *scholasticus 20
erat a Gaza urbe et Christi amantissimus[2], etiam hoc de hoc ipso
sancto viro mihi narravit. « Venimus », inquit, « ad eum ego et alii
quidam propter utilitatem spiritalem ; et, dum ad eum iter faci-
mus, accidit ut cum servo meo rixatus eum percusserim. Cum igitur ad eum venissemus, prius nobis nuntiavit quam a quoquam e 25
nobis vel a servo illo quidquam audiret, et ceterorum unicuique
per nutus, cum secundum passiones animales quae eum urgebant
loqueretur, et harum sanationem promitteret, ita ut illi, delicta
sua confessi, quae se solos scire putabant, poenitentia affecti sint
et fletu impleti ; ad me autem intuitus dicit mihi aperte : « Ne rixo- 30
« sus sis et iracundus, neve eos qui in imagine Dei facti sunt ferias » :
ita ut omnes, cum sapientia simul et gratia ab eo redarguti, ante
eum inciderimus, ut is Deum obsecraret ut nobis clemens esset. »
    Is autem propter tale donum et redargutiones peccatorum huma-
norum quae ab hac re prodeunt, cum a vana gloria effugere vellet et 35
mandatum observare quod dicit : « Nolite iudicare, ne iudicemini »[3],

---

[1] Luc., vi, 36 ; Matth., v, 45. — [2] Cf. Vit. Petr. Ib. (ed. Raabe), p. 100
et sqq. — [3] Matth., vii, 1.

quia omnium qui ad eum veniebant, sive monachorum sive saecula-
rium, facta ei revelabantur, ad regionem Gazae venit, et in lo o
quodam qui illic *est* monasterium exstruxit, et se ipsum in cubiculo
quodam eius inclusit, et cum nullo prorsus colloquebatur, nisi cum
5 Petro principe discipulorum suorum, qui et ipse, *quod ad regio- *p. 10.
nem terrestrem attinet, Aegyptius erat, quod ad supernam autem et
ad Deum ducentem, Hierosolymitanus, viro in omnibus rebus spiritali et doctrina eius dignò, et cum hoc post noctis canonem et
Dei ministerium et hymnos matutinos usque ad horam tantum no-
10 nam. Accidit igitur ut post horam nonam quidam e viris Deum
amantibus ad eum venerint; quod cum prius a Deo cognovisset
magnus Isaias, eis qui ad se venturi erant munera numero aequa-
lia reliquit, ne illorum causa discipulus eius post horam nonam ei
molestias praeberet. Narraverunt igitur nobis *viri* quidam sanctae
15 ecclesiae studiosi a regione Gazae maritima : «Tempore defectionis
Illi et Pamprepii, quae ab eis contra Zenonem regem qui religiose
vitam finivit facta est, propter hunc ipsum Illum conturbati, qui a
Pamprepio mago deceptus esse et ad paganismum declinasse dicebatur (et expectabant *homines* eos, si bello contra Zenonem *gesto*
20 victores fierent, templa demonum paganis aperturos), ad eum venimus; et huius discipulum (cuius mentio facta est[1]), hora nona
iam praeterita, nobis munerum numero aequalium canistrum por-
tantem invenimus; et dixit: «Pater haec munera vobis paravit : et
« pro vobis omnibus curae vestrae religiosae causa supplicatione facta
25 «vos ob defectionem horum paganorum turbari vetat : nubes enim
« est, et cito dissolvetur[2].» Porro adiecerunt se, cum ad Petrum
illustrem qui ex Iberia etiam eadem de causa irent, idem responsum
audire. Adeo ambobus unum idemque *donum erat; unius enim Dei *p. 11.
solius, qui in Trinitate sancta et coessentiali adoratur, veri servi ac
30 ministri erant : qua de causa alter alterum commemorare non ces-
sabant, et alter cum altero in spiritu erant, et eandem satisfac-
tionem[3] a Deo merebantur de rebus de quibus ei supplicabant.
Igitur, cum quaestio in Palestina inter monachos quosdam agitata
esset, si Domini nostri corpus nobis coessentiale confiteri debea-
35 mus, et celeberrimus Petrus eos qui ita non confiteantur anathe-
matizasset, quidam ex eis apud eum perstiterunt, cum eis qui eius

---

[1] Vox. ‏ܡܶܠܬܳܐ‎ hoc sensu lexicis incognita. — [2] Eadem historia de Athanasio
et Iuliano a Rufino (*H. E.*, I, 34) narratur. — [3] πληροφορία.

opinionem tenebant, de hac ipsa re disputantes; et ambabus partibus
placuit ut magnum Isaiam interrogarent quam opinionem de hac
re teneret; cum alteri alteris promisissent se eis quae de hac ipsa
re dicturus esset consensuros. Et, quia ad eum venerunt, eandem
sententiam ex eo audierunt, contra eos qui unum Dominum nos- 5
trum Iesum Christum Deitate Patri coessentialem, et humanitate
eundem nobis coessentialem esse non confitentur. Et, de canonum
quaestione, quae Alexandriae fuit, inter eos qui propter hoc alteri
ab alteris se separabant, cum interrogati essent ambo, uno consensu
sententiam dederunt. Ad Isaiam celebrem venerunt Iohannes admi- 10
rabilis, qui monasterii in Aegypto *siti* archimandrita erat, et Se-
bennyti episcopus[1], qui et ipse donis diversis spiritalibus illustris
fuit, multis viris sanctis, Aegypti monachis, secum adductis, inter
quos erat magnus pater Agatho[2], et Iohannes[3] qui Pnpsws[4] voca-
*p. 12. batur, * et pater Pnsw[4]. Et, quia huic viro sancto necesse erat eos 15
colloquio recipere, ita ut omnibus aequalitatem observaret, neve
alios recipere, alios non recipere videretur, ianua his diebus aperta,
omnibus se ostendebat, qui ab omni loco ad eum veniebant, et
colloquia communia cum omnibus faciebat. Talis autem erat sapientia quae ei a Deo data est, quamquam doctrina profana prorsus 20
non exercitatus erat, ut Aeneas qui sophista erat Gazae urbis, vir
christianissimus et doctissimus, et omni sapientia insignis, ut dixit
mihi quidam ex eis qui apud eum assidue erant, *dixerit :* «Saepe,
quando in locis quibusdam de verbis Platonis vel Aristotelis vel Plo-
tini dubito neque apud eos qui illorum sententias docent et inter- 25
pretantur solutiones eorum invenio, eum interrogo, et mentem illorum mihi claram et manifestam facit, et quid dicere voluerint,
necnon et quomodo talis error redarguatur, et veritas doctrinarum
christianarum confirmetur.» Adeo erat vir a Deo in omnibus in-
structus, et de operum patratione et de theoria rerum physicarum 30
et de theoria theologiae venerandae, ut nemini eorum qui philo-
sophi theoria sollertes dicebantur scientiae abundantiam concederet.
Ab hoc autem composita sunt scripta multa de admonitione et aliis
*p. 13. vitae monachicae rationibus, quae * de eo quoque testificantur quod
a divino apostolo Paulo dictum est : «Habemus hunc thesaurum in 35
vaso fictili»[5]; et : «Stultos mundi et contemptos elegit Deus ut fortes

---

[1] Cf. Zach. Rh., vi, 1, 2, 4; Zach., *Vit. Sev.* (ed. Kugener), p. 78. —
[2] Cf. Zach. Rh., vi, 4. — [3] Cf. Zach. Rh., vi, 1, 2, 4. — [4] Vocalia incerta. —
[5] II *Cor.*, iv, 7.

destruat»[1]. Narravit mihi etiam Bosporius, qui postea episcopus Sinopes fuit, cum adhuc scriniarius esset officii praefectorum : «Ad eum veneram, cum cogitationibus urgerer, et mihi in animo esset eum interrogare si mihi expediret ad connubium venire. Is autem,
5 cum a me nihil audiisset, per patrem Petrum discipulum suum mihi nuntium misit : Quare animus tuus velut mare turbatur? Tuum est quod vis facere vel non facere. Et, cum mihi in animo est eum rogare si adstet finis, eo quod eum hoc omnibus adfirmare audiebam, et, si hoc ita est, ad connubium venire non debeo,
10 nuntium mihi misit id quod scriptum est : Tempus est ultimum[2]; neve cor tuum in ulla re dubitet, quia adstat finis.» Rogatus est a viris quibusdam sanctis ut de veritate diceret si passiones vicisset; et si Dei gratia talem gradum meritus esset. Is autem dixit se agricolae similem esse qui in agro suo circumeat, ut, si radicem no-
15 xiam inveniat, hanc evellat.

Gratiae signa quae his tribus sanctis a Deo data est quorum vitae rationes secundum vires meas scripsi, quorum alia ab aliis quibusdam fide dignis separatim audii, et aliorum ipse etiam in parte experientiam cepi, cum audiisset Zeno qui religiose vitam
20 finivit, et *homines videre cupiisset, Cosmam, qui unus ex eunuchis regiis erat et in primis ordinibus collocatus, ad eos cum litteris suis misit, per quas eos obsecrabat ut ad se cum sanctis quibusdam aliis venirent, ut oculis suis horum virtutes videret et preces acciperet, et doctrinis eorum ac benedictionibus vere
25 sacris et spiritalibus frueretur[3]. Sed magnus Petrus, priusquam litterae regiae ei darentur cum vim earum didicisset, ut qui ab omni vana gloria fugeret, sese abscondidit et non apparuit : quo tempore Palestinam reliquit et ad regiones Phoenices Maritimae pervenit. Theodorus autem admirabilis, cum Alexandriae et ab eu-
30 nucho regii cubiculi qui nominatus est et ab eo qui illo tempore ordinis militaris regimen et rerum civilium administrationem gerebat cum episcopis aliis ascetis et presbyteris et monachis ut ad regem iret obsecratus esset, ne ceteris noceret, qui vocationi regiae id quod iustum erat concedere volebant, consensum dare visus est :
35 tempore autem invento quod ei occasionem praebebat, et is etiam sese abscondidit et non apparuit. Quia autem is qui litteras regias

*p. 14.

---

[1] I *Cor.*, 1, 27, 28. — [2] I Ioн., 11, 18. — [3] Cf. *Vit. Petr. Ib.* (ed. Raabe), p. 103 et sqq.

adduxit ad magnum Isaiam etiam in Palestinam venire tardaverat,
ad eum venit, et epistulam regiam ei dedit, eumque secum collo-
[*]p. 15. quium facere urget. Hunc autem secundum *orationem quam ora-
verat recumbentem et aegrotantem et corpore tumentem invenit,
eumque pro rege orantem et eum ob fidem eius laudantem audit, 5
simulque dicentem se propter corporis necessitatem quae appareret
eum adire non posse, nisi fortasse corpus quod mortuum esset et
cadaver non post multum *tempus* ad regem portare vellet; ita ut
Cosmas, his auditis, ut pro rege et regina et omni republica et se
ipso oraret eum obsecraverit, et rogaverit ut si modo litterarum 10
communione regem honoraret. Is autem hoc idem fecit, et omnia
quae dicta erant peregit, et regis eunuchum cum benedictionibus
et litteris dimisit : et statim post huius discessum ad Dei ministerium secundum morem suum sanus surrexit, nulla iam corporis in-
firmitate eum opprimente[1]. Et, cum se iam ab omnibus passionibus 15
liberum et vana gloria superiorem ostendisset, et potestate sibi a
Deo data diabolum et demones et cunctam potentiam eorum, sicut
scriptum est, conculcasset[2], et Antonium secundum se coram Deo
constituisset, corpus temporarium terrae reliquit, et ad eum quem
diligebat discessit[3], herede et vicario Petro discipulo suo relicto. 20

Scriptas habes historias horum trium illustrium qui hac generatione nostra fuerunt, quas ad gloriam Trinitatis sanctae et coessen-
tialis scripsimus. Precibus igitur ac supplicationibus eorum sit tibi,
Misael Christum amans et magnificentissime[4], ut cum cubiculorum
regiorum gubernatione vita tua bene dirigatur, et a tentatione for- 25
[*]p. 16. nacis quae hic *est*[5] plene effugias, et in regno *superno Dei magni
et Salvatoris nostri Iesu Christi, Regis regum et Domini dominorum,
stare mereas : cui gloria in saecula saeculorum, Amen !

FINITA EST HISTORIA DE BEATO PATRE ISAIA.

---

[1] Cf. ZACH. RH., VI, 3. — [2] LUC., X, 19. — [3] Cf. *Vit. Pet. Ib.* (ed. Raabe),
p. 124 et sqq. — [4] Cf. SEV., *Ep.*, I, 17, XI, 1; JOH. EPH., *De beat. orient.*, cap.
57; IOH. MAL., *Exc. de ins.* (ed. De Boor). p. 43. — [5] DAN., III.

II

FRAGMENTUM VITAE PETRI IBERI

AUCTORE ZACHARIA SCHOLASTICO

INTERPRETATUS EST

E. W. BROOKS.

———

Hoc fragmentum, a Sachau silentio praetermissum, in Cod. Berol. Sachau 321, fol. 105 rᵒ, exstat.

Cum a vita anonyma a Raabe edita differat, id ad Zachariae opus deperditum, de quo diximus in praefatione ad vitam Isaiae, pertinere vix dubitare licet. Tria folia tantum in ms. deperdita sunt; dimidium autem folium finis vitae Theodosii occupabat : unde vitam Petri brevissimam fuisse manifestum est.

E. W. B.

HISTORIA DE PETRO IBERO.

—————

.... et iam etiam vanis gloriis, a quibus contumeliae passiones nasci solent. Et hoc vinculum silentii temporarii acceperunt, ut per hoc purgentur, et «mensuram sermonis et silentii», ut dicit Gregorius[1], discant.

FINITA EST HISTORIA DE PETRO IBERO.

GREG. NAZ., *Or.* xxvii, 5.

III

NARRATIO DE OBITU

THEODOSII HIEROSOLYMORUM

ET

ROMANI MONACHI

AUCTORE ANONYMO

INTERPRETATUS EST

E. W. BROOKS.

———

Hoc opus in eisdem codicibus in quibus vita Isaiae asservatur.

Auctorem cum discipulo Petri Iberi anonymo qui eius vitam a Raabe vulgatam conscripsit eundem fuisse ex eo liquet quod se narrationem mortis Theodosii iam superius promisisse adfirmat; haec autem promissio in Petri vita invenitur, cui narratio nostra quasi appendix videtur esse adiuncta. Opus, sicut ceteras huiusmodi vitas, graece scriptum fuisse vix dubium est; id primus edidit Land, anno 1870, et Zachariae perperam adscripsit.

Notitia bibliographica :

a. Editio : J. P. N. Land, *Anecdota Syriaca,* t. III, p. 341-345; Leiden, 1870.

b. Versio germanica : K. Ahrens et G. Krüger, *Die sogenannte Kirchengeschichte des Zacharias Rhetor in deutscher Übersetzung herausgegeben,* p. 257-263, cum doctis adnotationibus (p. 384, 385); Leipzig, 1899.

E. W. B.

Quia autem memini me superius pollicitum esse me modum
obitus beati Theodosii episcopi Hierosolymorum et confessoris et
5 martyris narraturum[1], debitum nunc paucis *verbis* solvere necesse
est. Cum vero secundum Marciani mandatum expulsus Hierosolymis discessisset, in Aegypto celatus atque incognitus habitabat.
Eodem autem tempore pater Romanus etiam, pater monachorum,
machinatione et consilio Iuvenalis apostatae, cum comprehensus
10 esset, Antiochiae esse et custodiri iussus est; et cum eo comprehensus est etiam Timotheus qui monasterii Hypatii archimandrita
erat, quod ab urbe sancta circa septem millia passuum *distat;*
cum autem a beato Theodosio in urbe quadam earum quae sub eo
erant episcopus factus esset, dum in exilio sunt, angor animi qui-
15 dam et quaestio inter eos fuit de rectis doctrinis et de fide : dicebatur enim Timotheus haeresim Eutychianistarum participare et
« nostrae naturae »[2] dicere recusare. Quorum de disputatione certior
factus Theodosius ille archiepiscopus, cum in Aegypto habitaret, et
ne multi offenderentur veritus, quia principes erant *orthodoxorum,   *p. 22.
20 cum se ipsum constrinxisset, operam dedit ut ipse in Syriam ad
urbem Antiochiam clam perveniret, eosque ad concordiam ac
pacem adduceret. Quidam autem dicunt ob hoc praesertim prope-
ravisse illum pastorem bonum hoc iter facere, quia ad sanctum
Simeonem ire ac pervenire vellet, qui in his regionibus super
25 columnam stabat et pietatis causa a multis laudabatur, neque eum
a Theodoreto et ab aliis haereticis decipi sinere, et apostasiae
eorum adsentire (quoniam simplex erat et innocens et omnino
indoctus, et exactitudine doctrinarum rectarum ecclesiae haud
exercitatus), et *ex* hac re multis scandalum fieri. Sed studium eius
30 impedivit Satanas, adversarius Israel[3], qui ei priusquam ad collo-
quium senis perveniret insidiatus, cum eum praedam fecisset, vinc-
tum cepit et coram Pharaone constituit. Cum enim totum iter iam
sedulo complevisset, ab Aegypto usque ad Syriam, cum ante portas
urbis Antiochiae advenisset, Gaiano occurrit, chorepiscopo ecclesiae

---

[1] *Vit. Pet. Ib.* (ed. Raabe), p. 62. — [2] Corpus nempe Christi esse. — [3] Scl.
« generis nostri ».

illius loci, a multis stipato; et, cum unus ex eis qui ei anteibant eum cognovisset, quoniam in his regionibus habitaverat, in *monasterio* quod vocatur monasterium domus Mār Bzy[1], et ipsi chorepiscopo notum fecisset, statim comprehensus est ut praeda magna, et quae antea in omni loco quaesita esset : et, cum principibus urbis 5 traditus esset, in custodia ab eis inclusus est; et statim regi notum fecerunt. Marcianus autem de archiepiscopo comprehenso ab eis
'p. 23. certior factus *eum Constantinopolim mitti et adscendere iussit, ab urbe ad urbem per officiales[2] transmissum. Et, cum adscendisset, primo operam dabat ut per blandimenta zelum eius relaxaret, eique 10 persuaderet ut impiae Chalcedonis synodo adsentiret, amorem erga eum et amicitiam et beneficia multa ei pollicitus. Cum autem inexorabilem et immobilem et invariabilem eum vidisset, et omni tribulationi et patientiae paratum, archimandritae monasterii quod vocatur Dii eum tradidit, pravae opinionis Nestorii zelotae, et sy- 15 nodi Chalcedonis propugnatori; qui regi pollicebatur se eum impietati adsentire facturum, vel, si nollet, omni contumelia et improbitate et tribulatione perditurum. Quem, cum cepisset, imprimis multo honore et *multa* suavitudine tractabat, ut qui ei blandiretur ut regi pareret et synodo impiae communicaret, dum 20 multa quidem blandimenta ac promissa, multas autem minas ei offert. Cum autem e spe sua excidisset, et beatus Theodosius martyris modo zelum divinum ac fidem orthodoxam retineret, in cella quadam angusta quae calce plena erat tempore hiberno eum inclusit; et adeo eum tribulatione et cruciatu adflixit ut per omne corpus 25 et pedes et stomacho aegrotaret, et doloribus acerbis opprimeretur, fame et siti et frigore affectus, nec quisquam e familiaribus eius eum visitare sinebatur. Illo tempore accidit ut moreretur Marcianus,
'p. 24. a Domino *ictus : et, cum vidissent ei qui eum tenebant spiritum paene ultimum exhalare episcopum Theodosium confessorem, et 30 in eo esse ut moreretur, rem eius Leoni notam fecerunt, qui tunc rex factus est : et, licentia concessa, ut amici eius eum adsumerent permisit; ei autem eum adsumpserunt et Sycas apportaverunt. Et, cum paucos dies vixisset, et infirmitas multa eum cepisset, ita consummatus est, corona confessionis ac martyrii induta. Quando 35 autem consummatus est, beatus Petrus pater noster Al xandriae erat; et eadem nocte eum in visione vidit a multitudine angelorum

---

[1] Vocalia incerta. — [2] ταξιῶται.

stipatum et habitu albo quo archiepiscopo Hierosolymorum mos
erat cum baptizaret vestiri amictum ita in caelum exaltari. Fratres
autem qui cum eo erant, consilium facere Diphysitas ut corpus
eius abreptum in aliquo templorum suorum ponerent, et famam
5 divulgarent quasi iam eis consensisset et impietati eorum commu-
nicasset, certiores facti, omni studio consilium excogitaverunt, et,
corpore eius sancto celeriter adsumpto et in navem iniecto, statim
in altum vecti sunt. Et, cum ad Cyprum venissent, summum
sacerdotem et confessorem et martyrem in monasterio posuerunt,
10 quod illo tempore monachi orthodoxi tenebant et in quo habitabant. Est autem commemoratio eius *die* tricesimo kānun prioris,
continuo post diem commemorationis Iacobi qui vocatur iustus et
frater Domini nostri, qui etiam primus fuit archiepiscopus Hierosolymorum : et admirandum est quomodo commemoratio summi
15 sacerdotis primi Hierosolymorum et commemoratio Theodosii episcopi *orthodoxi simul pariter inciderint.   ˙p. 25.

Beatus autem Romanus, pater monachorum et princeps patrum,
quinque annis Antiochiae in exilio completis, multos et praedicatione orthodoxa illuminavit et ab errore ad veritatem convertit.
20 Marcianus enim qui cum Deo contendebat alio consilio et *alia*
expectatione beatum ibi inclusit. Quia Nestorianorum erat urbs
illa illo tempore, quoniam mater fuit Pauli Samosateni et Nestorii impiorum, et illo tempore huiusmodi summi sacerdotes
et clerici et maior pars laicorum in ea dominabantur, expec-
25 tabat *imperator* fore ut fortis Christi miles beatus Romanus aut
obtemperaret et ab haereticis perverteretur, aut periculum in-
curreret et periret; sed qui « sapientes in fraudibus eorum capit »[1],
qui pro omnibus qui in eo sperant contendit, facinus eius in contrarium mutavit, eo quod servo suo tantam gratiam et sapientiam
30 et potentiam dedit, ut eorum qui male opinabantur multos ab im-
pietate conversos et erectos ad Dei timorem restituerit, et fidei
orthodoxae zelotas fecerit, dicto prophetico Ieremiae in eo com-
pleto, « et captivi erunt qui vos captivos duxerunt »[2]. Per omne
autem tempus quo beatus Romanus Antiochiae fuit talis fames
35 et defectus pluviae totam Palestinam attigit ut terra arefieret, et
periclitarentur omnes fame consumi. Et, magno clamore contra
apostatam Iuvenalem ab illius regionis incolis exorto, quoniam is

---

[1] I *Cor.*, III, 19. — [2] Ier., XXXVII, 16 (?) (Is., XIV, 2 ?).

'p. 26. *causa exilii fuit illius sancti, et hanc ob causam talem iram iustam
sibi a Deo inflictam esse dicebant, veritus miser ille ne lapidibus
eum obruerent, vel aliter perderent, invitus apud Marcianum pro
reditu patris nostri Romani intercessor fuit, cum Eudociae reginae etiam persuasisset ut secum ei supplicaret. Qui cum licentiam 5
dedisset, non ei tantum *dedit*, sed et eius causa mandavit ut omnes
sancti in exilio[1] constituti in locum quisque suum rediret[2]. Itaque
beatus ad monasterium suum priscum[3] rediit, quod in Tĕqŏaˁ
situm erat, unde discesserat. Et, quia in iurisdictione Iuvenalis situm erat, et quia vicus eis vicinus a malis quibusdam conturba- 10
batur, ad regionem Eleutheropolis urbis etiam venit; et, amicis-
sime ab eis receptus, in loco mansit. Et, cum Dominus ante eum
paravisset, invenit etiam cacumen quoddam monasterio et situi
coenobii idoneum, circa duo millia passuum a templo sancti pro-
phetae Zachariae *distans,* in limite vici qui vocatur Kĕphar Ṭwrbn[4]; 15
qui est Eudociae reginae : et eum deprecatur Eudocia regina, et
monasterium magnum ac pulcrum ibi aedificavit, Deo adiuvante
ac confortante : et omnia dedit misitque ut cubicula circumpo-
neret. Cum igitur tempus multum in eo habitasset et vixisset, et
animas multas omni sanctitate et vitae ratione evangelica instru- 20
xisset, et oves rationales, sacrificium Domino placens, coram Deo
constituisset, necnon et certamen pulcrum pugnasset, et cursum
suum complevisset, et fidem orthodoxam usque ad finem conser-

'p. 27. vasset[5], senectute bona ac *plena dierum ad Iesum sibi dilectum
migravit; et corpus eius sanctum ibi depositum est sub altari 25
sancto. Miraculum autem magnum et in hac re fuit, quod celare
non debemus. Cum locus templi aedificaretur, et fodere vellent
fratres et locum sub mensa sancta parare in quo beatus depone-
retur, is abnuit et *hoc* fieri nolebat. Ei autem, cum obstare non au-
derent, templi solum planum facere tantum studebant (erat autem 30
rupes dura). Et, cum secarent et *solum* planum facerent, subito
aperta est spelunca sponte creata et a Deo aedificata, quae sufficiebat
ut sancti corpus tantum contineret. Et, cum post tempus, ut dictum
est, mortuus esset, in ea sub altari sancto multa gloria ac *multo*
honore depositus est. Est autem commemoratio sancti patris nostri 35
Romani presbyteri et archimandritae *die* vicesimo quinto *mensis*

---

[1] ἐξορία. — [2] Sic textus, contra grammaticam. — [3] V. l. «in pace». — [4] Vocalia incerta. — [5] II *Tim.*, ɪv, 7.

tešrīn posterioris, diebus sex ante commemorationem patris nostri Petri episcopi. Eos enim decebat ut, cum virtutes fraternas et honore aequales acquisissent, commemorationes etiam fraternas et vicinas haberent.

5   Eodem die est commemoratio beati Passarionis[1] presbyteri, pauperum sustentatoris et orphanorum educatoris, qui etiam archimandrita fuit sancti patris nostri Romani; qui etiam domum pauperum celebrem aedificavit, quae ante portas urbis sanctae ab oriente *stat* : cum quibus nos etiam regno caelorum dignos
10 habeat Christus Salvator noster, in saecula, Amen !

FINITA EST NARRATIO DE MORTE THEODOSII EPISCOPI
SANCTI HIEROSOLYMORUM.

---

[1] Cf. *Vit. Pet. Ib.* (ed. Raabe), p. 35; CYR. SCYTHOP., *Vit. Euthym.*, ap. COTELERIUM, *Eccl. Graecae Monumenta*, t. IV, p. 31, 32, 56, *Vit. Sabae*, ch. 6, 30 THEOPH., A. M. 5920.

VITA IOHANNIS EPISCOPI TELLAE

AUCTORE ELIA

INTERPRETATUS EST

E. W. BROOKS.

———

Hoc opus in tribus codicibus asservatur, nempe : Cod. Musaei Britannici Add. 12, 174, Cod. Mus. Brit. Add. 14, 622, et Cod. Berolinensi Sachau 321. De his autem codicibus vide praefationem nostram ad textum syriacum.

Auctor vitae fuit Elias quidam, Iohannis discipulus, quem cur cum Elia Darensi (Ioн. Ephes., *De beat. Orient.,* cap. 30) eundem esse putemus, ut fecit Kleyn (*op. infra cit.,* p. ix), rationem non video. Cum Callinici expugnatio commemorata sit, vitam non ante annum 542 conscriptam esse liquet. A graecorum verborum frequentia opus graece scriptum esse facile coniicias; sed, cum testimonia sanctae Scripturae syriacum textum referant, syriace compositum fuisse vix dubitare licet.

Textum syriacum e codicibus Musaei Britannici, cum interpretatione batavica, edidit H. G. Kleyn, *Het leven van Iohannes van Tella door Elias;* Leiden, 1882.

E. W. B.

IPSA UT MULTORUM VERITATEM AMANTIUM AUXILIO SCRIBERETUR EUM QUI
CUM HOC IPSO SANCTO TEMPUS NONNULLUM HABITAVIT PRUDENTES QUIDAM
MULTO STUDIO OBSECRAVERUNT.

5   Fratribus spiritalibus et Christi amantissimis, Mār Sergio et
Mār Paulo in veritate ingenuis [1], Elias adorator vester in Domino
salutem.

   O bonorum operum zelotae ac Christi amantissimi! tristitia
magna et angore affectus sum quia non est in me vis neque etiam

10 scientia ut, sicut digni estis et vobis debetur, laudationum coronam
vobis connectam, propter multa quibus ornati estis et in his Deo
placetis, et eis qui vos adspiciunt causa omnium beneficiorum
estis, praesertim quia patrum sanctorum ac spiritalium memoria
et commemoratio benefica in animis vestris conservatur; et hoc

15 quia, sicut librorum sacrorum lectione illuminati estis, filios iustorum priscorum imitari didicistis, quomodo hi tunc studuerint et
operam dederint ut a benedictionibus patrum suorum thesauros
spiritales in animis suis reponerent, quia vere crediderant primi-
tias linguarum patrum suorum divitias et thesauros divinos sibi

20 dare posse, quoniam quod supra est sentirent non quod in terra [2].
Ergo bene *vos laudat quicunque huic rei sufficit, quia iustos pris-   *p. 32.
cos, Isaacum et Iacobum et Iosephum et Elisaeum et huiusmodi,
in hoc quoque aemulati estis, ut spiritu abundetis et ob benedic-
tionem etiam huius patris spiritalis; praesertim quia carbo amo-

25 ris sancti *viri* et confessoris probati a corde vestro non exstinctus
est, quantum tempus furni instar probationi expositus est, sed ut
veri veritatis heredes eum magis amore accendistis. Bene igitur in
vobis probro afficiuntur et a conscientia sua iudicantur filii et discipuli qui a rectitudine in contrarium cum temporibus mutati

30 sunt, qui ob principatus amorem et vanam gloriam a recto statu
in laqueos et libidines multas inciderunt, quae stultae sunt et
noxiae, et homines excidio ac pernicie, ut scriptum est, mergunt [3],
et se ipsos in miserias multas induxerunt, et, quasi de suo, velut
saxis asperis per contumelias suas acerbas atque accusationes bene-

35 factores suos lapidarunt, qui pro animis eorum vigilabant, pastores

---

[1] Ioh., viii, 32. — [2] *Col.*, iii, 2. — [3] I *Tim.*, vi, 9.

suos dico ac magistros, ut his rebus eis placerent ad quos confuge-
runt, et quos se hic in hoc mundo transitorio magnos reddidisse
putaverunt. Inter quas perturbationes vos et qui vobis similes *sunt*,
quos, ut sicut a sancta scriptura dictum est apte et loco idoneo
dicam, Dominus semen reliquum reliquit[1] ad consolationem nos- 5
tram et confortationem et gaudium et coronam[2], qui nobis in loco
vitae estis, vos qui tantum placuistis, dum in hac generatione
molesta ac perversa commoramini[3], sicut Lōṭ tunc inter rabiosos,
in fide vestra perstitistis, fundamento vestro firmo *manente*[4], neque
'p. 33. ob timorem *in contrarium recessistis, et Evangelii veritatem serva- 10
vistis, quoniam super fundamentum apostolorum ac prophetarum
aedificati estis[5], et pericula contempsistis; qui inter ipsam vim
tentationum operam multam dedistis utilitatis multorum causa ut
non solum nomen huius sancti scriberetur admonitionis utilis nostrae causa et eorum qui post nos venient, sed ut etiam me incita- 15
veritis[6] ut hos mores eius ac labores, quoad *fieri* potest, parvitas
mea summatim litteris mandaret, et certamen in quo vitam finivit
et confessionis coronam accepit. Et, quia de parvitate mea putavis-
tis me tantum *opus* perficere valere, et huius sancti viri ac pastoris
spiritalis laborum a pueritia eius donec a nobis ad Dominum nos- 20
trum discessit memoriam scriptis tradere, confiteor me, ut decens
est, non sufficere. Meministis enim, fratres spiritales, vos me
saepe exhortatos esse et incitavisse ut hoc ipsum facerem; et testimonium praebebitis me amori vestro hoc exemplum dixisse : « Quis
vult domum aliquam aedificare vel turrim, aut diadema vel coronam 25
regis capiti idoneam polire, et materiae fabricationi omnium rerum
quas fabricari vult idoneae ei paratae sunt, et privato[7] dicit, cui
nec nomina rerum et compositiones earum et concinnationes et
collationes alius cum alia notae sunt : «Accipe, fili, vel poli vel
« sculpe, et has fabricationes comple quas ego facere volui», cum 30
'p. 34. *scire oporteret fabricationibus et decorationibus earum sapientes
tantum idoneos esse.» Et rursus Dei amori qui in vobis est dixi,
praeter quod «rei quam a me postulavistis non sufficio, ne quasi
simplicitate mea et scientiae inopia huius viri admirabilis historiam
utilem comminuam, quia in omnibus rebus deficio»; «Vos in 35
Christo sapientes et scientia locupletes, hoc facite, praesertim

[1] *Rom.*, ix, 29. — [2] *Philipp.*, iv, 1. — [3] *Ibid.*, ii, 15. — [4] II *Tim.*, ii, 19.
— [5] *Eph.*, ii, 20. — [6] Sic textus, contra grammaticam. — [7] ἰδιώτης.

quia etiam urbis huius sancti cives estis, ut misericordia digni
habeamini qui in novo mundo ad urbem etiam eatis ad quam ivit,
ubi omnes sancti commorantur. » Et mihi dixistis : « Licet ea quae
coram nos narravisti de moribus eius paullum sint de multo quod
5 ad hunc sanctum pertinet, scribe, praesertim quia cum hoc viro
tempus nonnullum habitavisti, et virtutes eius divinas oculis,
quoad *fieri* potest, vidisti. » Et ego, quia perseverantiam vestram
et petitionem hanc magnam vidi, ne huic voluntati vestrae admi-
rabili praevaricator sim, quoniam utilitati multorum hoc vere in-
10 servit, si ut decens est ut superius dixi *facere* valerem, iam secundum potestatem meam orationum vestrarum auxilio incipere audeo,
dum eum rogo quicunque ea quae in hoc libro infra scripta
sunt leget ne verba simplicia audiat ac spectet, vel quod eadem in
variis locis secundum id quod requiritur repetuntur, et beneficia
15 utilia omittat, quibus ei opus est qui amore, non invidia, legit.
 Nescientibus autem dicere incipio *a qua urbe etiam fuerit hic *p. 35.
ipse S. Iohannes, qui Dei gratia episcopus in urbe Tella fieri me-
ruit; et quae causa eum vocaverit et fuit monachus; et quot annos
natus vitam monasticam amplexus sit; et quae clam fecerit prius-
20 quam tonderetur ob metum matris suae vere Christum amantis;
et quare matris eius nomen in eius historia commemoraverim; et
in quo monasterio habitaverit; et qualis pater spiritalis ei fuerit;
et quos labores *peragere* inceperit simul ac tonsus est et usque ad
finem vitae suae sine mora et sine cunctatione; et quo tempore
25 episcopatus gradum in urbe Tella meruerit; et quae certamina simul atque episcopus factus est eum invaserint; et qua fiducia ab
urbe regia etiam redierit, quando cum septem sociis suis episcopis
a rege sereno ac victore vocatus est, postquam episcopi veri ubique
exstantes ab eis qui operam dederunt ut quasi de sua sententia syn-
30 odus Chalcedonis ecclesiam intraret e sedibus suis expulsi sunt; et
quae fecerit hic sanctus cum vidisset homines *velut* captivos violenter abduci ut secundum definitionem culpabilem eiusdem synodi
confiterentur; necnon et quomodo ab errore malo cultus hominis
ad scientiam veritatis multa millia hominum eius opera in terra
35 Persidis conversa sint, quae, *quasi de novo idololatria, doctrina *p. 36.
impia Nestorii hominis cultoris obscurata erat; et quae consilia et
machinamenta ab Ephraim etiam Antiochiae multo studio adhibita
sint ut hic sanctus comprehenderetur, ne rursus ea faceret quae aedificationi ecclesiae Christi faciebat; et quomodo hic ad Persas paga-

nos miserit, eosque donis adlexerit, et muneribus subiecerit atque
incitaverit ut virum hunc Dei a montibus et desertis in quibus ver-
sabatur inter sanctos qui in eis habitabant caperent; et quomodo
comprehensus sit et qua hora; et quoties pagani et magi, qui eorum[1]
studio eum comprehenderunt, eum coram se constituerint; et quae 5
ab eis in eo quod lingua sua hanzaman vocabant, hoc est in magnatum multorum concione, interrogatus sit; et quomodo Ephrāim
postea eum coram se Rhesainae introduxerit; et quae ab eo postu-
laverit ut diceret in disputatione turbata et incomposita et iracun-
da, et quae ab omni fastu[2] mundi adspiciebatur, et ab omni iustitia 10
remota erat; et quae de eo mandaverit iudex eius, cum vidisset
eum studio suo contrario non obtemperare, et quo eum cum magna
Romanorum manu miserit; et in quo carcere exiguo angustoque eum
et eos qui cum eo *erant* Antiochiae incluserint; et quae fecerint qui
eum custodituri constituti erant; et quomodo sanctus Dei gratia 15
roboratus sit, et sine metu verba sana eis assidue locutus sit, eis qui
*p. 37. cum eo ubique disputabant; et qui finis *bonus vitae suae in ipso
carcere eius fuerit; et qua hora requieverit; et qua sepultus sit
invidiae inimicorum operatione, qui non satiati sunt neque ab ira
contra eum licet paullulum respiraverunt, nec cum cadaver eius 20
ante oculos positum vidissent; et quod consilium fecerint inimici
eius postquam mortuus est, ne perciperet urbs et zelo ferveret et
corpus eius abriperet vel aliud quidquam male ordinate faceret;
et quomodo hora mortis suae pro cunctis sanctae ecclesiae filiis
oraverit, praesertim pro eis qui tantum eum odio integro sine 25
causa oderant.

Ceterum, antequam menti satisfacere incipiam quae harum
omnium rerum quas me coram vobis narraturum promisi initium
ac finem audire sitit, o Christi amantissimi! ne culpam incurram
ab eis qui quae leguntur audiant quod «vilia sunt et eloquentia at- 30
que ordine imperfecta», et «hoc ante illud scribi debebat» vel
«hoc ante illud», vel «hoc aliter», vel «hoc non opus erat»,
vel «ita oportebat», vel «unde tot res sciebat is qui scripsit,
qui a multo tempore de hoc sancto narrare incepit, quando
virum nondum cognoverat?» Meministis enim me ab ipso initio 35
dixisse me rei quantam a me postulavistis ut faciam parum sufficere : necnon et harum ipsarum rerum quas me in hac historia

---

[1] Sc. Diphysitarum, quorum tamen nulla mentio facta est. — [2] προστασία.

traditurum profiteor alias oculis vidi, alias ab educatoribus eius
audivi, alias occasione aliqua ab ore eius audivi, quando tempore
quo * tentatio ei occurrebat quietem ac tranquillitatem in qua post- ˙p. 38.
quam monachus factus est conversabatur in memoriam revocabat,
5 alias a genitrice eius audivi, at maiorem partem oculis vidi, ut
antea dixi.

Opus est autem, ut opinor, imprimis dicere a qua urbe fuerit,
propter multos qui nesciunt et hoc discere cupiunt. Erat vero
hic sanctus ab urbe Callinico. Porro et hoc etiam dicamus, ho-
10 mines complures in hac urbe fuisse Dei misericordia dignos :
erant enim hominum amantes, fideles, pudici, sapientes, benefici,
peregrinorum amantes, donorum prodigi, doctrinarum Spiritus
amantes; et, quasi ab uno patre et una matre nati essent, alter
alterum diligebant iusti qui in hac habitabant. Et, si quis dicere
15 audebit : «Si virtute adeo ornabantur pars incolarum eius, quare
Assyrii virga caesa est?»[1], audiat, ut fidelis, libros sanctos dicentes :
«Quem Dominus amat castigat, et filios quibus ipse delectatur verberat»[2], et : «Si castigatione caretis qua omnis homo castigatur,
alieni facti estis et non filii»[3], et rursus : «Castiga me, Domine,
20 misericordia, neve ira, ne me ad parvum redigas»[4], et rursus : «Virga tua et baculus tuus ea me consolata sunt»[5], et rursus : «Beatus
homo quem tu, Domine, castigabis. Iudicia enim Domini ut *abyssus ˙p. 39.
magna»[6], et : «Quis est qui manum eius culpabit et dicet ei : Quid
facis ?»[7]. Vexantur enim et iusti etiam quando verberantur pecca-
25 tores. Prophetam audiat quando ex ore Spiritus Dei qui in eo loquebatur Hierosolymis dicebat : «Ensem meum e vagina eius distrin-
gam, et a te iustum ac peccatorem destruam»[8]. Contra eos qui
verba inutilia et scientia carentia emittere properant et se iustitia
sua a supplicio quod in alios iuste venit effugisse putant haec satis
30 sunt.

Incipiamus igitur unde digressi sumus. Ergo ab hac urbe, ut
antea diximus, erat hic sanctus, et a nobilibus inter *cives* eius : et
annos duos et dimidium natus erat quando a patre orphanus relic-
tus est. Et mater eius in viduitate remansit annos quinquaginta :
35 fuit autem cum marito tres annos et dimidium; et, mortuo marito, Deo die noctuque serviebat, ieiunio et oratione et multa

---

[1] Anno 542 a Persis capta est (Proc., *Bell. Pers.*, ii, 21). — [2] *Heb.*, xii, 6. —
[3] *Ibid.*, 8. — [4] Ier., x, 24. — [5] *Ps.* xxiii, 4. — [6] *Ps.* xciv, 12, xxxvi, 7. —
[7] Iob, ix, 12; Dan., iv, 35. — [8] Ez., xxi, 3.

abstinentia, et lacrimis et adflictione. Educabatur autem hic puer
filius eius ab ea et ab avis suis, ut ipse haec narrabat, omni cautione ac diligentia, et omni animae corporisque cura, et eum litteris ac sapientia Graecorum erudiunt. Et annos viginti natum eum
in praetorio ducis ipsius urbis ministrare fecerunt, ut exercitaretur 5
˙p. 4o. scilicet atque instrueretur : et *vestes delicatas secundum ordinem
ministerii sui gerebat; et cibi diversi ei omni cura parabantur, tamen
non polluebatur neque avidus erat; et paedagogum quendam ei
gubernandi causa tradiderunt, qui Deum revera timebat. Et mater
eius benedictionibus digna, cum in omni re et omnibus modis 10
filium suum educare studeret et instituere ne ei in ulla re causa
offensae fieret, neve causa vituperii operatione adversarii ei accide-
ret, et omnia bona videre eisque gaudere quae iuste et legaliter
parentes probi filiis suis facere solent, unamquamque rem probam
tempore proprio secundum leges pulcras quas Creator in natura im-- 15
posuit, et secundum traditionem quam a libris sanctis accepimus,
quae culpa caret, mulierem etiam ei despondit, et gaudio cordis
sui connubium magnum grandibus expensis ei facere paravit. Et,
cum apparatus ad hoc perfecti essent, Dei dispensatio cum omnibus
rebus clam ambulabat, et haec fieri sinebat, ut tandem coram 20
multis cognosceretur a pueritia in eo magis valuisse Christi amorem quam amorem huius mundi. Et utrumque quasi in lance
ante oculos posuit, et alterum cum altero comparavit, et cum cogitationibus suis in hanc quaestionem et in hoc certamen se iniecit, quidnam e decoribus et oblectamentis sine variatione ac sine 25
corruptione permaneat, divinum an humanum, transitorium an
quod non transit, possessio ac divitiae caelestes an eae quae hic *sunt*
˙p. 4i. quae cum *temporibus et secundum tempora transeunt, et, quamvis tempus exiguum permaneant, tamen aliquando sicut umbra
auferuntur et sicut somnium avolant. Et, quia mens eius spiritu 30
fervebat, et ignis quem Salvator noster mundo iniecit in anima
eius flagrabat, vis animae eius non infirmata est, nec cura mulie-
ris et liberorum et possessionum huius mundi incitatus est, neque
earum rerum spes et recordatio magis in eo valuit quam cura quae
in Deo *est*, et promissa futura et vita vera quae in eo est, et iudicia 35
eius tremenda et supplicium scelestorum, et ultio quae a male-
ficis in flamma ignis fiet[1]. Et, dum mater eius rerum super-

---

[1] II *Thess.*, 1, 8.

fluarum studio vehemens est, tacebat ac quiescebat, simul et
certamen cum cogitationibus suis faciebat emergentibus et caden-
tibus, quaenam ex eis victoriam reportatura esset de qua contendebat. Et in omnibus rebus Deum in auxilium vocabat et dicebat :
5 «Ostende mihi viam tuam ut in ea vadam»[1]; et rursus : «Quo
purgabit adolescens viam suam ut mandata tua observet?»[2]; et :
«Per prophetam tuum sanctum beatum praedicasti quicunque iu-
gum tuum in pueritia sua accipit»[3]. Et in mente sua hanc cogita-
tionem reposuit, et dixit : «Nisi a mundo omnino effugiam, lapsus
10 non evitabo». Et statim ad beatum quendam fugit, qui haud longe
a Sura Romanorum vitam reclusam agebat, cui nomen fuit Abgār,
virum sanctum et iustum et laboribus magnis ac divinis *insignem*,
ut ab eo benediceretur et colloquio eius frueretur, eique voluntatem
suam clam nuntiaret. Et, cum didicisset mater eius quo vadissset,
15 mente capta quia filius paullulum ab oculis eius discesserat, cum
servis et ancillis suis festinanter surrexit. Et, cum *eum adduxisset ˙p. 42.
ac domum venisset, sanctus se matri caute ac sapienter submitte-
bat, dum eam absque molestia relinquere et in coenobium monachorum abire studet; id quod annos quinque faciebat. Et, matre ei
20 dicente : «Deo placere potes etiam cum in mundo es, ut ille quoque
et ille ei placuerunt, quamquam in mundo erant et opes posside-
bant», dicebat ei : «Robustorum est hoc, o mater! ut in utraque re
sine culpa recte servire possint, dum ea quae Caesaris *sunt* Caesari
dant et ea quae Dei Deo, et sicut patres recti et sicut iusti quidam,
25 quorum nomina mihi commemorasti, in hoc mundo ambulent; et
ego mundi negotiis implicitus Deo placere non possum»[4].

Et die quodam librum historiae beatae Theclae cepit, quae a
beato apostolo discipula facta est, et in eo legebat; et, quia vas
electum[5] erat, neque ut ceteri adolescentes aequales sui, qui in-
30 structionem non acceperant, telis ardentibus mali[6] vulneratus erat,
nec mundi cupiditatibus vinctus, quoniam gratia Dei et nutritorum
cautione conservatus erat, Christi amor in anima eius fervere incepit; et statim beatum apostolum cepit, et in eo diligenter legebat.
Et, sicut beata Thecla a beato apostolo iam revera discipulus fac-
35 tus, *intra aulam suam solarium quoddam parvum sibi aedificavit, ˙p. 43.
in quo assidue manebat, ipse et paedagogus eius tantum; qui inter

---

[1] *Ps.* cxlii, 8. — [2] *Ps.* cxviii, 9. — [3] *Lam.*, iii, 27. — [4] II *Tim.*, ii, 4.
— [5] *Acta*, ix, 15. — [6] *Eph.*, vi, 16.

se pactum fecerunt, ne mater consilium eius sciret et facinus eius
quod faciebat; et a carne edenda et a vino bibendo abstinuit, et
nutrimenta quae ad eum veniebant paedagogus eius edebat; et a
vespera ad vesperam profundam panem aridum tantum edebat, et
postea alternis diebus *cibum* gustabat, cum nemo iam secretum per- 5
cepisset quod inter eos fuit. Et, quando sedebat ille ut nutrimentis
quae huic sancto vesperis hora adscendebant sese oblectaret, ut
paedagogus coram nobis narrabat, stabat beatus et se inclinabat,
unci instar curvatus manibusque post se connexis et capitis crinibus in solum demissis; itaque usque ad vesperam profundam per- 10
stabat, et deinde in solum proiectus paullulum.dormiebat. Et psalmos etiam syriace didicit, et recitabant ambo; quia paedagogus
eius etiam psalmos cum eo didicerat. Et, cum vidisset mater eius
benedictionibus digna colorem vultus filii et adolescentiae eius
decorem immutatum esse, a paedagogo eius postulabat : « Quid est 15
signum quod in filio video, eum moestitia tantum affici? »; et dixit
ei, ut eam verbo placaret : « Quia multum lectione vigilat ». Et hac
re gaudebat, scilicet ut lectione profanorum exercitaretur : is autem
*p. 44. ei quod proficit tantum studebat. Verum nocte * ita laborabat, et die
beatos quosdam visitabat qui circa urbem reclusi erant, quorum 20
unusquisque intra cor eius beneficium spiritale seminabat. Et
die quodam dixit ei quidam ex eis : « Iohannes, recordare te mor-
talem esse : non vis esse ut ceteri adolescentes delicati et superbi
et fastuosi, qui fastum suum ad stercus et vermem venturum esse
non recordantur ». Dicit ei sanctus : « Et quid faciam, domine? »; 25
dicit ei : « Tondere et fias monachus; et a mundo effuge, dum mors
tibi non supervenit. Quidquid in mundo est cupido est corporis et
cupido oculorum et mundi superbia; et transit mundus ipse et cupido eius »[1]. Haec paedagogus eius coram nobis narrabat. Et haec
ab ore illius sancti accepit velut terra sitiens et turbata quae 30
aquam quaerit[2]. Paulum enim apostolum beatum qui magis quam
omnia Dominum suum amavit haec inter multa dicentem audiit :
« Obsecro vos, fratres, ut corpora vestra sacrificium vivens et sanctum et Deo acceptabile constituatis, ministerio rationali, neve huic
mundo similes fiatis; sed renovatione mentium vestrarum muta- 35
mini »[3]; et rursus: « Nemo militiae inservit et mundi negotiis implicatur, ut ei qui eum elegerit placeat »[4]. Et porro ea quoque sedulo

---

[1] I Ioh., ii, 16, 17. — [2] *Ps.* lxiii, 2. — [3] *Rom.*, xii, 1, 2. — [4] II *Tim.*, ii, 4.

ausculta quae ad Timotheum *in epistula* missa sunt : «Ab omnibus
adolescentiae cupidinibus effuge»[1]; et rursus : «Qui Christi sunt
carnem suam crucifixerunt cum omnibus morbis ac cupidinibus
eius»[2]. Et eis quae *a lectionibus sanctis audiebat confortabatur, et   'p. 45.

5 gaudebat et exultabat; et magis antrorsum progrediebatur. Ex hoc
tempore proposuit sibi tonderi et monachus fieri. Quae cum cognovisset mater eius, et stupor eam occupasset ut mulierem viduam,
quae viro revera orba est et herede, *scilicet* filio suo qui ipse est
consolatio eius et lumen oculorum, omnibus modis exinde enite-

10 batur ut eum ab hoc consilio cohiberet. Et haec eius probandi
causa Dei dispensatione fiebant, beneficio aliorum multorum, qui
leviter a phantasmatibus somniorum superantur. Et is ad sanctos
in locis diversis *commorantes* fugiebat, et ab eis admonitiones et
religionis exempla audiebat. Erat autem tempore quo haec faciebat

15 viginti quinque annos natus : et sine mora ad monasterium sanctum ipsius urbis fugit, quod vocatur domus Mār Zakhkhai; atque
ibi tonsus est. Et, cum hoc etiam audiisset mater eius, id fecit
quod faciunt *mulieres* quae talibus filiis probis privantur, fletu et
lamentatione et planctibus *usa;* et post omnia per gratiam Dei quae

20 eam quoque visitavit, quia revera vidua fuit, et in spe Dei stabi-
lita, voluntas eius filii voluntati in omnibus rebus adsensit; et uno
animo servos suos et ancillas omnes liberaverunt, et id quod volue-
runt ex opibus suis pauperibus et sanctis et viduis diviserunt.

*Patris autem spiritalis qui ei fuit nomen fuit Iohannes; et de   'p. 46.

25 hoc sancto multi etiam qui eius familiaritate utebantur sciunt quot
pulcritudinibus spiritalibus ornatus sit et religione locuples fuerit
hic senex[3], praesertim humilitate ac pudicitia; cunctus enim decor
sanctitudinis super faciem eius effusus erat : et, succincte dicam,
quando is in hac vita terrestri nobiscum fuit, mundo mortuus

30 fuit, Deo autem soli vivebat. Et, quia historiae huius *viri* humilis
non sufficio, ad *historiam* discipuli eius fugio. Qui[4] simul atque
hunc sanctum receperat et tonserat, eum obsecravit[5] ut in ipso
monasterio cellam quandam exiguam ei daret, ut in ea horis
quieti idoneis quiete frueretur : et, quoniam cognoverat hic senex

35 admirabilis discipuli petitionem Deo gratam esse, dedit ei prout
petierat : et assidue in ea permanebat, virtutis servitio *et* lectioni

---

[1] *Ibid.*, 22. — [2] *Gal.*, v, 24. — [3] Sic textus. — [4] Sc. Iohannes senior :
confusa est clausula. — [5] Sc. Iohannes iunior.

librorum sanctorum *et* ministerio assiduo et ieiunio multo et fletui et lacrimis *deditus*. Et a pane et vino et oleo abstinuit; et haec tantum edebat, legumina cocta et olera identidem ieiunatoribus idonea, dum vigilias trium et quattuor dierum agit, et interdum etiam longiores. Et scutellam quandam parvam sibi attulit quae circa duo 5 pocula parva continebat; et hoc tantum nutriebatur, vel una uncia fructus arborum aridi, quando a *cibo* illo cocto abstinebat, et potu etiam aquae vel oxymellis mensurae exiguae : et, quia Christi passio

*p. 47. ante oculos eius semper posita erat, ne *iucunditas quidem gustus ipsius cibi ab eo gustabatur. Unde autem hoc a nobis creditur? Ex 10 eo quod interdum lucri nostri causa animum ei advertebamus quando gustabat, qui saepe eum scutella eius genibus imposita (haec enim plerumque mensa eius erat) cibum eius fletu humectantem videbamus : et haec faciebat quando solus manducabat. Et est quando cibum suum exiguum relinqueret ac surgeret; atque ita 15 celeriter a mensa surgebat ut, dum cibi *sumendi* initium facere quaerunt qui cum eo habitabant, tanto eos praevenisset. Et, cum peregrini quilibet sancti eum visitarent, eos omni largitate ac liberalitate mensa sua reficiebat; et cibus ac potus eorum *eandem* ei voluptatem praebuit ac si in ventrem suum poneret. Et ab omni- 20 bus sanctis ac iustis, et pudicis atque innuptis, et ascetis atque eremitis, eo quod in eorum libris assidue legebat, nonnulla e decoribus eorum et figuris et exemplis animae suae firmiter infigebat. Et porro, postquam episcopus factus est, laboribus prioribus plures addidit. A nocte autem media usque ad adventum diluculi 25 orationi ac fletui cum silentio et pudicitia et lacrimis vacabat, nullo

*p. 48. vocem fletus sui audiente : *et, quando officio *fungens* stabat, si quis cum intueri audebat ut per hoc etiam servitio eius adiuvaretur, pupillas eius videbat, dum adflictione multa ad caelum spectant, lacrimas abundanter pluere. Lectus autem eius erat terra et storea, 30 et vestis pellicea et cervical unum ad requiem capitis; et vestimentum eius crinium *erat*, et zona cingulum iumenti, et calceamentum sandalia, et tegumentum pallium. Et, nisi negotio spiritus utili impediretur, ab officio matutino donec tertia hora erat diei eidem orationi adflictionis plenae vacabat, et postea lectioni librorum sanc- 35 torum vel patrum spiritalium. Et, cum officium medii diei ministrasset ac perfecisset, eadem oratione usque ad horam nonam orabat; necnon et eadem lectione sancta assiduus erat, ita ut nulla hora ab eo frustra praeterierit. In omnibus autem rebus pudicus

fuit atque ordinatus; et gressus eius ac passus velut mensura ordi-
nabantur : et facie eius externa ac statura ac vultus adspectu satiari
non potuerunt spectatores. Nemo autem me vituperet quod pulcri-
tudinis eius etiam corporalis una cum spiritali mentionem feci, quia
5 libros sanctos etiam invenimus iustorum quorundam et ceterorum
pulcritudines corporales recitasse; sicut id quod de David a Spiritu
sancto dictum est : « Is flavus *est* et oculi eius pulcri et pulcer adspec-
tus et Dominus cum eo *est* »[1]; et de Mose etiam propheta magno ita
scriptum est : *« Et viderunt parentes pulcrum esse puerum »; et hoc   *p. 49
10 beatus apostolus in epistula sua ad Hebraeos recitavit[2]. Aliorum
etiam multorum faciem ac corporum pulcritudinem libri sancti
commemorant. Sermo autem eius humilis fuit ac mitis; et quamquam pastor spiritalis erat, et sanctae ecclesiae rector, ab omnibus discere studebat, et de eis rebus quas rogare opus erat rogare[3];
15 et, cum in libris sanctis legeret, cum adflictione multa et scientia
legebat. Caro autem eius propter labores diffluxerat et consumpta
erat, donec cuncti ossium articuli apparebant; necnon et cingulum femoribus vix sustentabatur. Et, cum in montibus et desertis et
speluncis commoraretur apud sanctos qui in eis habitabant, violen-
20 tiam aestus torridi et acerbitatem frigoris magna patientia fortiter
sustinebat. Murum autem magnum et robustum pupillis circum-
duxerat, *ita* ut, etiam cum mulieres pudicae ad pedes eius sede-
rent quae sermonem eius utilitatibus plenum audiebant, nullius
earum faciem intueretur, sed, vultu deorsum inclinato, terram et
25 mali illecebras fraudesque intuitus[4], quae vitae earum proderant eis
loqueretur. Et, si quando nomen sanctorum a quoquam audiret et
excellentiam vitae eorum rationis, vehementer cupiebat anima eius
eos videre et eorum vitae rationem aemulari et ab eis benedici;
et eos qui ad senectutem extremam pervenerant haud modice hono-
30 rabat et magnificabat et diligebat et venerabatur.

    *Tempore autem quo episcopus factus est, persecutio grandis   *p. 50.
erat contra ecclesiam Christi ab eis qui post mortem beati Anas-
tasii *imperatoris* regnaverunt; qui a sacerdotibus ubique *constitutis*
flagitabant ut Chalcedonis synodum et definitionem eius acciperent,
35 et additionem quae in ea contra veritatem facta est. Hoc ipso
tempore duro requievit episcopus Tellae urbis, et hic ipse sanctus a synodo episcoporum sanctorum eiusdem provinciae[5] *ad*

---

[1] I *Reg.*, XVI, 12. — [2] *Heb.*, XI. 23. — [3] Sic textus. — [4] Sic textus. —
[5] ὑπαρχία, male pro ἐπαρχία.

episcopatum evocatus est, quia eiusdem viri virtutis et vitae rationis
fama ad eos pervenerat. Et, cum vidisset eos se episcopum facere
statuisse, obsecravit eos ut se relinquerent; et, cum vidisset eos
sibi non obtemperare, in animo suo dixit : « Iam me fugere oportet;
persuasum enim habeo eum qui multis princeps fit harum passio- 5
num malarum vel operationum earum aliquam evitare vix posse,
nisi revera fortis sit, et praesertim vanam gloriam, cui facile est
eius qui in ea implicatur animam peccatis et corpus morte aliqua
voluntaria[1], quales ab inimicis *fiunt*, perdere, vel quod eis qui regi-
mini suo subiacentur placere studet, *ita* ut secundum voluntatem 10
eorum quae eis placent Dei autem iram movent eiusque legibus
sanctis contraria sunt semper faciat, quoniam eorum odium vitare
studet, quia mala vanae gloriae plaga ictus est, vel quod blandi-
'p. 51. tores adulatoresque apud eum assidue permanent, *qui ad eum
sollerter accedunt, quasi pro eo starent, tristitia scilicet propter 15
eum affecti, eique dicunt : « Hanc molestiam ac laborem tolerare non
« potes »; et haec ei dicunt ut ad ea quae gestiunt studentque in eo
invenire eum deiciant ac deprimant, imprimis a regula eius et
abstinentia : et postea se ecclesiae possessionibus male administra-
tis parcere simulant, ut per hoc eum iracundum esse ac morosum 20
atque asperum faciant, et inmitem ac parcum, et avarum atque
hominum exosorem, aut qui *aliis* sine discrimine inconsiderateque
sese inmiscet, et remissum ac laxum, et qui voluptates corporales
amat, et corpus suum magis quam animam, et propter negotia
levia et inepta et communia horas utilitatum spiritus negligit, et 25
ob hoc in caverna profunda ubi non est locus standi demergatur,
ita ut, quia hominibus placuit, si bellum haereticorum adversus
ecclesiam insurgat, re primaria fidei suae inclinetur : et, quisquis
ita facit, melius esset ei si non natus esset neque hunc mundum
intrasset, qualia damna ac detrimenta sibi ipsi adquisivit. Et eum 30
praesertim qui princeps est in ecclesia Dei « sine macula et sine
« culpa »[2] in omni re esse oportet, ut Dei oeconomum qui die quo
Deus secreta hominum requiret[3] gregis sui rationem daturus est,
et secundum vestigia ipsius Dei ambulare et esse ut is fuit in
mundo[4], et beatum apostolum audire dicentem : « me imitamini 35
'p. 52. « sicut ego etiam Christum »[5]. *Et eos qui Dei ecclesiae principes ac

---

[1] Hoc non intelligo. — [2] *Col.*, 1, 22. — [3] *Rom.*, 11 16. — [4] I Ioh., 11,
6, iv, 17. — [5] I *Cor.*, xi, 1.

pastores fiunt quasi ignis columnam esse oportet, *ita* ut in nulla
vitae suae ratione ulla obscuritas vel umbra inveniatur, et non quasi
gregis dominos, sed omnibus hominibus bonum esse exemplar,
praesertim autem fidelibus, et animam suam pro eo morti man-
5 dare, et usque ad spiritum ultimum in tribulationibus pro eo
acceptis perseverare, sicut Christus pro eo animam suam morti
voluntariae tradidit, et ab omnibus cupidinibus bellum contra animam gerentibus[1] effugere[2], et pudicum[3] esse ac ordinatum, et probum ac docendo aptum ac longanimum, neque iracundum esse,
10 nec vino immodicum, secundum mandatum beati apostoli[4], et
purum esse ac probum, et qui verbi Dei curam habet, et sanctum
esse, et qui animam a cupidinibus continet, ne in ulla re ab Evangelii sancti mandatis alienus sit, et doctrinae beati apostoli ad
Titum Timotheumque *inscriptae*, qui dono hoc magno revera digni
15 erant : quibus quisquis sibi confidit se aequare bene ad gradum
hunc episcopatus promovetur; animae enim ei committuntur Dei
sanguine emptae, non argento quod deteritur, non animalia muta,
sed quae Dei passione ac morte salvata sunt. Quae est poena quam
sumet Deus a pastore qui hunc gregem suscipiat, si voluptas aliqua
20 huius mundi eum captivum ducat, et una anima ex ovibus *gregis *p. 53.
eius propter negligentiam pereat?» Et, cum haec et his plura *in
mente* collegisset eaque ante oculos animae lucide posuisset, et
rerum caelestium magnitudinem contemplatus esset, et ignomi-
niam magnam ac probrosam, et durum supplicium quod eis super-
25 venit qui delicias magis quam promissa futura amaverunt, surrexit statim hic sanctus, et senex quidam sanctus, syncellus eius,
cui nomen fuit Damianus, qui habitationis eius participatione
revera dignus erat, et a domo episcopi Edessae ambo galli cantu
aufugerunt, dum a tribus episcopis observantia multa custoditur
30 donec adveniat dies dominica, qua secundum canonem ecclesias-
ticum fit is qui fit episcopus. Et, cum quaesitus esset hic vir eumque fugisse vidissent, qui verus electus erat, Dei servis idoneus,
omnes sancti episcopi qui ibi congregati erant seque hoc gaudio
fruituros sperabant in magnam tristitiam atque aerumnam incide-
35 runt : et dixit unus ex his sanctis, qui est Iacobus doctor Batna-
rum episcopus : «Nolite perturbari, fratres. Ego exibo eum quaesi-
turus; et in Deo credo, si est ei beneplacitum ac voluntas ut fiat

---

[1] I Pet., ii, 11. — [2] Sing. in textu. — [3] Sic textus. — [4] *Tit.*, i, 7.

3.

episcopus vir quem sanctitudo vestra elegit, me eum reperturum ».
Et surrexit statim *et* oravit, et via qua exierat sanctus Iohannes et
is qui cum eo erat recto cursu exiit, eumque circa mille passus ab
'p. 54. urbe plus minus inter duas rupes delitentem repperit. *Iohannes
autem ei cum gemitu supplicabat, dicens : « Obsecro te, domine, 5
miserere mei », cum multis aliis rebus quae excusationi suae idoneae
erant. Et dixit ei sacer Iacobus episcopus : « Num hoc tempore quo
sancta ecclesia persecutionem patitur, et viri bello contra inimicos
eius *gesto* idonei requiruntur, ministri eius aversionem exhibebunt
et fugient? si bonum est, quare ab eo fugis? et, si malum est, dic 10
nobis ut nos etiam sicut tu fugiamus ». Et sanctus omni humilitate
cum lacrimis ei dixit : « Domine doctor, relinque me, ut tibi suppli-
cavi; quia robustorum *et* tibi similium hoc ministerium est ». Et,
dum inter se colloquuntur, advenerunt multi eumque corripue-
runt, et in ecclesiam introduxerunt. Et, cum omnes ei suppli- 15
cassent et multis rebus admonuissent ac confortassent, eum episcopatus ordinationi obtulerunt; et postea eum sumpserunt et Tellam
deduxerunt, quo gratia Dei vocatus erat, et in sede episcoporum
illius urbis collocaverunt. Et, postquam episcopi sancti ad suum
quisque locum redierunt, collectis omnibus ingenuis et cuncto 20
clero laudato ecclesiae, verba admonitionis et concordiae et una-
nimitatis cum eis locutus est sanctus : sicut navis enim violentia ventorum vehementium huc et illuc intra mare agitata tunc
erant sanctae ecclesiae orientis; et quosdam dicentes audiebat, qui
'p. 55. rebus corporalibus vincti erant et *spiritalia spernebant ac conten- 25
nebant : « Si et huc etiam veniet mandatum ut synodum Chalcedonis accipiamus, protinus huic suadebimus ut accipiat; quoniam hoc
nihil est : nemo enim potest regis mandato resistere ». Is autem
ab ipso initio propositum suum atque animae fortitudinem
eis ostendit, et dixit : « Sit vobis una anima et unus mens; et ad 30
tribulationes pro Christo sustinendas prompti este ac parati »,
et : « Ne tribulationum vos taedeat »; dum eis in memoriam
revocat quas adflictiones et tribulationes et persecutiones et
mortes diversas primo a paganis, postea ab haereticis multis
ecclesia catholica pertulisset. Et, cum omnes Deum laudassent et 35
ei gratias egissent, quem pastorem sibi misisset, dixit eis etiam
cunctam synodi Chalcedonis historiam. Quam cum vituperas-
sent et definitionem eius et additionem, et Tomum Leonis Ro-
mae, et eos qui tantum detrimenti fecissent anathemate dignos

esse[1], postea dixit eis : «Adferte mihi diptycha», et ei attule-
runt. Et, invento nomine Sophronii episcopi ipsius urbis, qui
ex eis erat qui synodo Chalcedonis *aderant*, nomen huius et
aliorum simul qui ei consentiebant deleri iussit. Et statim metue-
5 runt qui malam opinionem tenebant, et ceteri qui voluptatibus
corporalibus inserviebant; et dixit ei pro multis civis quidam ingenuus cui nomen fuit Paulus : «Haud tempus est, domine
episcope. Rex est; et mandato eius iniit haec synodus». Huius autem opinio haud pura erat. Quem indignanter intuitus dixit ei
10 sanctus : «Nonne * haec omnia quae usque adhuc dicta sunt au- ˙p. 56.
diisti?» et mandavit ut eum a se removerent. Et dixit ei ita: «Deum
vis contristare nos et hominibus placere; vos omnes sine partium
studio iudicate : oportetne super sanctis altaribus eorum nomina
proclamari qui verbis ac factis ea quae coram vobis narravi fece-
15 runt? Deo obtemperare oportet potius quam hominibus»[2]. Et
statim absque mora deleta sunt, gratias ei agente universa ecclesia,
cum multis aliis rebus quae sine metu faciebat pacis urbis causa ac
verecundiae eius, et ne sordida esset, et ut modesta esset et *bene*
ordinata; quoniam eo ipso tempore sordido saltatorum[3] spectaculo
20 paene insanierat et *furore* accensa erat, et paullum abfuit quin *ille*
ad mortem perveniret, quia morbum malum illius insaniae ab eis
expellere quaesivit : et Dei auxilio flammam quam Satanas in eis in-
cenderat cito exstinxit. Et, cum, ut ita dicam, eos vinum eorum
excutere fecisset, et eum pro salute animarum suarum laborare ac
25 contendere cognovissent, Deo gratias et laudes obtulerunt, quod
eos per pastorem quem gratia eius eis dederat visitavisset. Quando
enim haec omnia fiebant, persecutio ecclesiarum ad orientem
Euphratis nondum transierat. Et, cum tempus plus minus duorum
annorum in sede sua implesset, huc etiam ad orientem missum
30 est mandatum ut episcopi qui * ut synodus Chalcedonis in ecclesiis ˙p. 57.
suis proclamaretur non consentirent eicerentur. Et sine mora hic
sanctus etiam a loco suo recessit, cum vidisset se aliter permanere
non posse nisi ei quod iussum erat assensum praebuisset. Et elegit
sibi secundum id quod de Mose scriptum est ut tribulationem cum
35 populo Dei pateretur, neve peccato tempus exiguum delectaretur[4]
et ob principatus amorem anathematum quibus iniquus a sanctis
patribus anathematizatur particeps esset, ut fecerunt nonnulli qui

---

[1] Sic textus. — [2] *Acta*, v, 29. — [3] ὀρχησταί. — [4] *Hebr.*, xi, 25.

cupiditates magis quam Dei amorem diligebant. Et nulla re corpo-
rali ex ipsa urbe absumpta recessit, et alius *partis* contrariae in
locum eius venit. Itaque iam in plerisque urbibus factum est : inie-
runt alii pro aliis, mendaces pro veracibus, et raptores pro pacatis,
haeretici pro fidelibus; et quasi animalia rapacia misericordia 5
carentia in Christi gregem inciderunt, et cunctis tribulationibus ac
cunctis cruciatibus maiorem partem hominum opinioni suae violenter subegerunt : et ab omni ore et ex omni parte vox lamentatio-
num audiebatur, et bona ac possessiones sine misericordia direpta,
et animae vi et incuria ad contrariam *partem velut* captivi abductae : et 10
nonnulli in montibus et sepulcris et speluncis et cavernis terrae[1] ab
*p. 58. oppressoribus suis delituerunt : et haeretici vitam eorum qui *in
constantia sua perstiterunt neque potestati eorum pervicaci ac ty-
rannicae obtemperaverunt exiliis[2] et carceribus tenebrosis et angus-
tis vexaverunt : et infantes haud baptizati permanserunt tempus 15
plurium annorum, ob metum persecutorum, cum ceteris malis
multis quae faciebant, quae scriptorum narrationes excedunt.

Et has inter turbas hic vir Dei, postquam ab urbe sua recessit,
in deserto quodam vitam privatam solita adflictione et oratione
agebat. Et, Dei inquisitione ante oculos posita talenti eius quod sibi 20
commisit a se rationem requisituri, surrexit et opus admirabile
incepit, cum id quoque in mente revolveret quod sibi a Domino
nostro per Simonem mandatum est : «Pasce mihi oves meas et
agnos et pecudes»[3]; et quae a beato apostolo ad Timotheum *scripta
sunt :* «Mala sustine cum Evangelio potentia Dei»[4], et : «Mala sus- 25
tine ut bonus miles Iesu Christi»[5]; et rursus : «Cura te ipsum
coram Deo perfecte constituere operarium pudore carentem, qui
verbum veritatis recte proclamat»[6]; et rursus : «Fac opus praedicatoris»[7]. Et hic ipse sanctus Iohannes, his rebus confortatus et potentia Dei, animam suam et regum minas et rectorum commina- 30
tiones despexit, et revera opus praedicatoris fecit, ut supra dictum
est. Et multi, cum animae potentiam ac zelum viri vidissent, ab
omni parte ad eum concurrerunt, a pagis et ab urbibus, in deser-
*p. 59. tum ubi conventus eius erat; et *ecclesiis monasteriisque sacerdotes
faciebat, omni perscrutatione et accuratione et diligentia, eo 35
quod a sancto patriarcha Severo et a metropolitis et episcopis qui

---

[1] *Hebr.*, xi, 38. — [2] ἐξορίας. — [3] Ioh., xxi, 15-17. — [4] II *Tim.*, i, 8. —
[5] *Ibid.*, ii, 3. — [6] *Ibid.*, ii, 15. — [7] *Ibid.*, iv, 5.

in regiones longinquas fugerant litteras licentiamque acceperat; et
hi sancti ipsis litteris sacerdotum in urbibus ac territoriis suis fa-
ciendorum licentiam ei dederunt; et multos a communione haereticorum liberavit. Et rex, cum haec omnia audiisset, eum et sanctos
5 episcopos socios eius, qui numero octo erant, arcessivit; qui adscendere iussi sunt ut eos de fide interrogaret. Quos cum in suis
opinionibus, hoc est in vera fide, firmiter perstare repperisset, et
eius *fidei* se non submittere, quoniam sub promisso[1] adscenderant,
cum minis iussit erga eos qui ei non consentirent nihil quod sa-
10 cerdotii est facere, et saepe dixit ei sanctus : «Deo obtemperare
oportet potius quam hominibus»[2]. Et porro magnam operam dederunt rex et regina per curatores suos ut eum donum aliquod a
se accipere facerent, neque eis obtemperavit, dum dicit eis : «Quomodo ab eis donum eorum corporale accipiam, cum ipsi *donum*
15 verum ac spiritale a nobis accipere noluerint?», et, ut succincte
dicam, neque a rege et regina neque a quoquam alio *tale quidquam · p. 60.
accepit, sed exigua quadam *pecunia* quam secum habebat quam ei
mater eius adscendenti dederat exiliter vivebat, ipse et comites
eius qui cum eo *erant*, quoniam voluntas eorum eius *voluntati* in
20 hac re consentiebat; neque a quoquam, quicunque *esset*, aeris
quidquam vel argenti vel auri suscepit, nec per se nec per
alium quemquam, nec clam nec palam. Et, ut multa omittam
quae a rege erga eos facta sunt, cum eos suae parti adiungere
studeret, postea eos dimisit, et ad regiones ac locos suos re-
25 dierunt in quibus habitabant. Ipse autem hic beatus Iohannes,
postquam advenit, maiorem etiam operam dedit ut ecclesiam col-
ligeret eamque ab haerese Diphysitarum liberaret. Porro fideles
etiam qui in terra Persarum *erant*, qui erant numero pauci, de
fortitudine et praeclaris gestis eius certiores facti, consilium in-
30 ierunt ut ad eum mitterent, et ad beatum ac memoria sanctitudinis
dignum Thomam episcopum Darae, qui et ipse talibus decoribus
divinis abundabat et rebus divinis ac mundanis sapiens atque in-
structus erat; et ab eis petierunt ut a regione sua aliquos mitterent[3]
et sibi episcopos facerent[4], qui pro vera fide, quae *ibi propter er- · p. 61.
35 rorem Nestorii miseri hominis cultoris quasi iam exstincta erat,
gnaviter contendere valerent. Quod revera factum est, antequam
hi sancti ad urbem regiam adscenderent. Et, cum hoc Dei placitum

---

[1] λόγος. — [2] *Acta*, v, 29. — [3] Sc. ipsi. — [4] Sc. Iohannes et Thomas.

esse cognovissent, alacriter adnuerunt; et a regione illa missi sunt
qui idonei erant, et consilio consensuque horum duorum sanctorum ac sacrorum et sacri Mār Sergii Cyrrhi et Mār Marionis Surae [1]
et Mār Nunae Circusii [2] et *episcopi* facti sunt ei qui missi erant et
ad regionem suam cum gaudio redierunt. Et populi multi ad veram 5
fidem conversi sunt ac regiones multae; et horum ipsorum sanctorum qui in illa regione episcopi facti sunt pars martyrio Christi
causa *suscepto* operatione haereticorum et paganorum mortui sunt,
pars, dum pro veritate laborant, in regionibus longinquis vitas
tradiderunt. Et rursus, postquam obdormierunt hi sancti quorum 10
nomina supra scripta sunt, et ei qui in illa regione *episcopi* facti
sunt, *ita* ut nonnisi pauci ex eis superfuissent, quorum pars in carceribus pro ipsa veritate inclusi essent, tempore nonnullo *elapso* episcoporum pars qui in regione orientis reperti erant, qui orthodoxi
erant, iterum ad hunc ipsum sanctum Iohannem venerunt in ali- 15
quo e montibus apud eremitas qui in eis habitabant commoran-
tem, aliis secum adductis, qui ut *pro eis qui martyrio Christi
causa *suscepto* obierant episcopi sibi fierent petebant. Et, cum
universi idem consilium de hac re comprobassent, eos quos addu-
xerant ad gradum episcopatus promoverunt. Et haec omnia quae 20
narravi et in hanc historiam inserui, res gestas horum sanctorum
qui a regionibus aliis ad hunc sanctum Iohannem bis advenerunt,
et fecit quod ecclesiae aedificationis est, *ideo narravi* ut ostendam
quae miracula per hunc virum in regionibus longinquis fecerit
Deus; et fidelium coetus in eis multiplicati sunt, et error in audi- 25
toribus suis confractus est; et ecce! hodie multa millia hominum
qui ex ore serpentis basilisci Nestorii miseri effugerunt Deum sin-
cere ac fideliter laudant. Tempus enim mihi parum est ad dicen-
dum quae certamina ei fuerint ob causam divisionis quae ab eis
facta est qui opinione phantastica Iuliani qui episcopus Halicar- 30
nassi antea *fuit* deprehensi sunt, cum ad omnem locum assidue
scriberet, et a libris sanctis et a doctrinis patrum spiritalium ad-
moneret et erudiret et doceret, ut ab errore phantastico Iuliani
et a doctrina eius aliena fugerent (et Dei auxilio multos ab errore
huius miseri eripuit); et quales epistulas etiam de fidei negotio ad 35
omnem locum scripserit quo huius phantasiastae plaga pervaserat,
*et ad castrum Mundir, ubi mensura mala huius negatoris passionum

*p. 62.

*p. 63.

---

[1] Cf. Sev., *Ep.*, i, 59, v, 15. — [2] Sic. .

voluntariarum et naturalium et verarum et salutarium et culpa
carentium in carne *susceptarum* Domini et Dei nostri Iesu Christi
incubuerat (ibi autem incubuerat et irrepserat et corda deceptorum
penetraverat haeresis Manichaea huius inimici Salvatoris nostri et
5 patrum sanctorum accusatoris). Haec ac talia gesta Dei dispensatio
per eum fecit. Illo autem ipso tempore nonnisi pauci homines, ut
ita dicam, apud Diphysitas permanserunt, quoniam vera Dei ecclesia aedificabatur, et recta religione magnificabatur et multipli-
cabatur. Nonnulli enim a subiectione oppressorum velut a dura
10 captivitate tunc fugiebant, quoniam hunc verum pastorem veritatis
adiuvandae causa adversus tentationes multas tam firmiter persti-
tisse videbant.

Quae autem verba et quas admonitiones eos doceret qui ut
sacerdotes fierent ad eum veniebant opus esset describi [1] eorum
15 utilitatis causa qui ea cum amore audire gestiebant; sed, ne haec
narratio multas lineas impleat et fastidiat is cui facile sit fas-
tidire, dicam etiam si pauca e multis; ea quae *e doctrina beati ⸰p. 64.
apostoli coram eis copiose effundebat, quae sunt haec : «Este qui
Domino vestro servitis : este spiritu ferventes [2] : este oratione assi-
20 dui : este qui tribulationes vestras toleratis [3] : este qui mala odis-
tis et bonis rebus adhaeretis [4]; neve carni vestrae studeatis cupi-
dinum causa [5]; cum Deo enim servitis [6] : neve in ulla re cuiquam
causam offensae detis, ne sit macula in ministerio nostro [7] : ne
quod verbum turpe ex ore vestro prodeat, sed quod pulcrum
25 est et aedificationi aptum [8] : neve quidquam contentione vel
vana gloria faciatis [9], sed fidelibus exemplum este, verbo et
conversatione, et amore et fide et puritate [10]. His rebus ostendite
vos ipsos ministros esse Christi et sacerdotes veros, et quasi ante
oculos vestros depictus esset Iesus Christus crucifixus [11] : et secun-
30 dum mandatum beati apostoli este abhinc et deinceps in hac ha-
bitatione temporali, postquam novi homines et Iesu Christi milites [12]
facti estis; ne ebrietate neve cantu, neve cubatione foeda [13], neve
aviditate ciborum animae et corpori et menti onerosorum : et doctrinam quam didicistis et confessiones divinas quas coram nobis
35 confessi estis firmiter retinete.» Et haec omnia et admirabilia

---

[1] Sic textus, contra grammaticam. — [2] *Rom.*, xii, 11. — [3] *Ibid.*, xii, 12. —
[4] *Ibid.*, xii, 9. — [5] *Ibid.*, xiii, 14. — [6] I *Cor.*, iii, 9. — [7] II *Cor.*, vi, 3. —
[8] *Eph.*, iv, 29. — [9] *Philip.*, ii, 3. — [10] I *Tim.*, iv, 12. — [11] *Gal.*, iii, 1. —
[12] II *Tim.*, ii, 3. — [13] *Rom.*, xiii, 13.

quaedam eis plura antequam eos ad ordinationem sacerdotii pro-
moveret eis dicebat. Necnon et etiam quando oblationem solus offerebat (crebro autem hoc faciebat) miraretur aliquis ac stuperet quod

*p. 65. tempus multum quattuor horarum plus minus *(et est quando lon-
gius) oratione et suspiriis et precibus et adflictione et lacrimis multis 5
ante ipsum altare sanctum et ante ipsa mysteria spiritalia protra-
hebat, donec fundamenta altaris, ut ita dicam, lacrimis eius
humectabantur, per totum tempus secundum morem suum multo
silentio curvatus atque inclinatus, et postea munus canonice per-
ficiebat. Et, quando coram populo offerebat, id quod horae sanctae 10
idoneum est, ut decet, faciebat.

Et, cum ea quae sanctae ecclesiae aedificationis ac correctionis
sunt per hunc virum fierent, vidit Ephrāim *patriarcha* Antiochiae huius sancti *facta* admirabilia, et ad ea tollenda invidia
excitatus est. Et, quia aliter non sperabat se eos qui a potentia 15
sua violenta, hoc est ab haeresi sua diphysitica, defecerant su-
peraturum nisi comprehenderetur hic sanctus et in carcerem vel
exilium[1] longinquum detruderetur et ad silentium redigeretur
(et quis est qui tale bonum exstinguere ac tollere potest ac
valet, nisi ipse descendat et secundum voluntatem suam faciat[2]?), 20
a rege petiit eo quod cunctam astutiam suam et id quod descensu
suo facturus erat eum docuit, et dedit ei auctoritatem quam petiit
et exercitum Romanorum, et ad orientem descendit : et paucis
diebus vi multa *adhibita* multos voluntati suae violenter submisit.

*p. 66. Et, *ut fontem utilitatum omnino obturaret, machinatus est et *viros* 25
quosdam repperit qui voluntati suae inservirent, et ad marzban
Nisibis Persarum misit, quem dono haud modico promisso per eos
obsecravit ut milites e suis sedulo mitteret et Romanos cum eis, et
hic beatus Spiritus victoriis insignis a monte qui vocatur Singa-
rae comprehenderetur : illuc enim recesserat hic sanctus propter 30
multa quae illo tempore duro utilia erant. Qui enim ad marzban
illum paganum ab Ephrāim missi sunt adversus ipsum virum
multa mendacia ei narraverunt, eumque aurum multum adqui-
sivisse ei nuntiaverunt. Qua cupidine accensus ille paganus,
nomen autem viri Mihrdaden, equites multos adversus eum 35
misit cum comite quodam e suis, qui et ipse paganus erat; et Per-

---

[1] ἐξορία. — [2] Requiritur potius : «et hoc fieri non posse nisi ipse (Eph.) descenderet... faceret», quod e textu eruere non licet.

sae et Cadiseni et Romanorum aliquot ad montem pervenerunt,
speculatoribus etiam secum adductis, Romanorum et Persarum qui
locum sciebant. Necnon et is etiam qui ab Ephrāim missus est ut
hoc negotium perficeret, qui a Bēth Bālāš[1] castro erat, et in terri-
5 torio Antiochenorum id quod «latronum strangulator»[2] ibi vocatur
factus erat, cui nomen fuit Cometas, cui Dominus noster et in hoc
mundo paullum e multo secundum facta eius retribuit, hic ipse
principio, priusquam Nisibin descenderet, Ḥārrān descenderat;
et interrogatione facta apud *virum* quendam intravit qui *sacerdos ˙p. 67.
10 paganus esse dicebatur (et quid ibi fecerit hic Cometas Deus
scit), et eius qui sacerdos dicebatur filium habitu medici secum adduxit. Hic ipse occasione quadam nobis dixit : «Taurum
in domo nostra occidimus priusquam ad vos veniremus.» Et, cum
ad montem ubi sanctus ille habitabat pervenissent, ipse et hi omnes
15 qui missi sunt Romani ac Persae, interrogatione facta ad mona-
chum quendam iverunt qui extra montem habitabat, qui opinionem phantasticorum Iuliani asseclarum sectabatur, eumque omnino
contrariae esse *partis* reppererunt : et, secreto ei patefacto, donum
etiam ei promiserunt; qui eos ad ipsum montem ubi sanctus habi-
20 tabat media nocte adduxit, eisque cellam exiguam monstravit in
qua Christi athleta habitabat, et recessit. Et ei ferarum instar
contra eum descenderunt, districtis gladiis et arcubus Assyriorum
modo intensis[3]. Erat autem ibi nix multa, et magnae glaciei co-
lumnae in rupe sub qua hic probatus habitabat condensatae erant.
25 Et Dominus eos ad horam occaecavit, ne eum continuo invenirent.
Si enim eum continuo post adventum invenissent et extraxissent,
ipsa nocte dura prae multo frigore mortuus esset. Nonnullos autem comprehenderunt qui cum hoc sancto et prope eum habitabant, eosque sine misericordia coarctaverunt ut confiterentur quis
30 eorum esset is quem quaerebant et ubi esset; quoniam unus eorum
* qui comprehensi sunt eis dolose nuntiavit se esse qui ab eis quae- ˙p. 68.
rebatur, et propositi causa etiam nomen mutavit, eisque dixit :
«Nomen meum Iohannes», ut hoc dolo hunc sanctum e manibus
oppressorum fortasse liberaret. Et, cum totam noctem in hoc cer-
35 tamine peragerent, quia eum cuius fama ob signa eius et vultum
decorum sibi audita erat non invenerunt, ei qui comprehensi

[1] Cf. Mich. Syr., *Chron.* (ed. Chabot), p. 269. — [2] Cf. Sev., *Ep.*, 1, 45;
Ioh. Mal., p. 382. — [3] Is., xxi, 15 (?).

erant singuli abducebantur et a Romanis lignis bifurcis ac scissis
lacerationis causa vapulabant, et nemo eorum confessus est ubi
esset. Is autem a cella sua nusquam recesserat, quia subito in eum
irruerant. Et diluculo facto eum invenerunt et extraxerunt : quem
cum vidisset comes ille Persarum, cubito in terra fulto, cum beato 5
coram se constituto indignanter per interpretem colloqui incepit,
dum ita dicit : « O digne morte mala! quid hic facis? et, nisi vir
malus esses, in montibus desertis atque horrendis et inter leones
et apros non habitares. Quare a dominis tuis deficis? Totum hunc
montem incendam, et qui in eo habitant trucidabo, et deinde 10
abibo. » Multa autem gloriose cum eo loquebatur Assyrius ille : et
vir oppressus, dum coram eo stat, omni humilitate secundum
morem suum loqui incepit : « Permittisne mihi ut loquar, an tacebo
et facies quod vis? » Et dixit ei : « Loquere fortiter quod *loqui* habes. »

* p. 69. Et dixit ei : « Tempera tibi * et scrutare et vide nihil eorum quae 15
contra me dixisti vera[1] esse. Discet magnitudo tua, si ei etiam qui
te adduxerunt recte dicere volent me non esse ut dixisti, neque
hos sanctos qui multos iam annos in hoc monte habitant. » Et statim adpropinquavit Cometas miser et comitem illum in capite
osculavit eique dixit : « Per vitam tuam, domine, iube eum sedere : 20
haec enim apud eum non sunt »[2]. Et statim gladio districto surrexit
comes ille ut eum feriret et dixit ei indignanter : « Et quomodo
nobis mentiti multa contra ipsum virum coram m a r z b a n dixistis? »
Et statim eis qui secum *erant* mandavit, et tota cella in qua beatus
habitabat perquisita est, et nihil eius quod sperabant invenerunt. 25
Et statim celeriter surrexerunt, eumque adsumptum et a monte
illo deductum iumento cuidam quod secum erat imposuerunt.
Erat autem nova luna[3] *mensis* šĕbāṭ. Et a tertia hora diei usque ad
mediam noctem per solitudinem inviam inter nivem ac glaciem
equitare continuabant, cum nihil a sancto gustaretur. Et, cum 30
viam Nisibin ducentem non invenissent, quia noctis tenebrae
et obscuritas eos occaecaverat (Nisibin enim ut ad diversorium eos
virum introducere iusserat m a r z b a n donec id quod sibi promissum erat acciperet, et ob hanc causam viam illam in deserto invenire cogebantur et non invenerunt), tunc in vertice cacuminis 35
cuiusdam ab equis descenderunt, et *virum* adflictum in medio posi-

---

[1] Sic textus. — [2] Vel « ad eum non pertinent ». Sensum non intelligo. — [3] νεο-
μηνία.

tum omnes sicut annulus sedentes circumdederunt, equis ad colla
dominorum ligatis. Illa enim nox fuit nox acerba tribulationis *et *p. 70.
doloris et frigoris; et Persae eos execrabantur a quibus decepti
erant, et praesertim quia id quod nuntiaverant non invenerunt.
5 Et, cum mane surrexissent et glaciem in labris ac barba eius
condensatam viderent, et nihil ab eo gustatum esse ex quo eum
comprehendissent, et paucam animam, ut ita dicam, ei inesse,
et didicissent magi a *viro* quodam qui cum eo vinctus erat qui lin-
guam eorum aliquantulum sciebat ob quam causam comprehensus
10 esset, virum metuerunt ne eis malediceret, et multum in oculis
eorum honoratus est. Et, cum die posteriore ad terram cultam pervenissent, ad pagum quendam deflexerunt pernoctaturi, eumque
in domo quadam munita incluserunt ut custodiretur. Et erat in ea
mulier quae intra duos dies pepererat antequam illuc pervenerunt;
15 quae, quamvis in illa vitae suae angustia constituta, contra ludi-
brium ac contemptum *viri* pudici conquerebatur (mulier enim
fidelis fuit) : «Virum qui ne matris quidem suae faciem libere
intueri audebat cum muliere puerpera commorari fecerunt, caute
custoditum.» Et, cum eum Nisibin introduxissent, mandavit m a r z-
20 b a n eumque in xenodochio incluserunt, eique decem viros magos
tradiderunt qui custodirent : et in ipsa domo inclusionis eius omnes cum eo intus dormiebant; et, quando ad mingendum exibat,
pars cum eo exibant eumque caute custodiebant. Officium autem
solitum non omittebat, nec si *id* ludibrio haberent hi pagani vel
25 riderent. Post dies autem paucos vidit m a r z b a n cunctatum esse
eum qui abierat ut Ephraim diceret ac nuntiaret comprehensum
esse Iohannem et iam Nisibi inclusum; et secreto *cum diligentia *p. 71.
rogavit : «Quid deliquit hic vir qui a Romanis accusatus est, quem
nuntio misso comprehendimus et ut maleficum inclusimus?» Et,
30 cum didicisset mendacia esse quae contra eum dicta erant, statim
mandavit et congregati sunt apud eum cuncti urbis magnates et
cuncti duces qui in urbe erant, et nuntio misso eum a *loco* ubi
inclusus erat removit et coram se introduxit. Quo intrante et
cunctis qui congregati erant coram ipso viro in terra sedentibus,
35 vultum eius et venustatem et staturam et moderationem et pudici-
tiam et faciem amabilem vidit, et, manu ad magnates suos extensa,
eis per eam annuit : mos enim est Persis, et praesertim magis,
exercitatione *adquisitus*, ut, si silentio ac sine verbis alter alteri
indicare volunt id quod cogitant, facile per nutum digitorum indi-

cent. Hic igitur nutu digitorum significavit : «Hic vir ingenuus
est, et non servus est, et pudicus est, et non maleficus.» Et locutus est magnatum quidam qui sedebant, qui Christianus erat, et·
dixit : «Precor, domine; si hic coram Caesare intrabit, statim coram
eo surget, propter legem Christianorum : ut enim didici, episcopus 5
est.» Quod cum audiisset marzban, statim mandavit et coram
eo in terra consedit; et cum eo per interpretem collocutus est, qui
·dixit ei graece : «Quomodo ausus es, *cum* talis *sis*, in nostram
regionem absque licentia nostra transire? Nonne scis aliam esse
*p. 72. hanc rempublicam[1]?»; locutus est beatus et dixit ei *graece per 10
interpretem : «Haud prima vice in hanc terram transii. Iam tertia
vice transeo, ut apud hos sanctos orem, qui multos iam annos in
monte habitant a quo me ut maleficum comprehendistis. Etenim
quis sum ego ut magnitudo vestra de me sciat et tunc transirem?
Pauper enim sum, ut me videtis. Hodie, dum tanta pax est inter 15
haec duo regna, rempublicam[1] et rempublicam[1] non novi. Duo
enim reges amore fratres sunt : et, si hic sum, inter Romanos puto
me esse; et, si inter Romanos sum, hic sum propter ipsam pacem.» Marzban dicit : «Quomodo dicis te pauperem esse, cum
multum aurum tibi collectum sit ab eis qui ad te veniebant?» 20
Confessor dicit : «En! subito me comprehenderunt ei quos misistis;
dicant quid mecum invenerint quando me comprehenderunt ac
scrutati sunt. Et rursus obsecro ut, si fieri potest, dum hic inclusus sum, mittat magnitudo vestra homines fide dignos, qui totam
regionem nostram circumeant et, interrogatis et inimicis meis qui 25
me accusaverunt et amicis, ostendant me ab *ullo* homine quidquam
cepisse : et, si quid eorum de quibus accusor apud me inveniatur,
in media hac urbe crucifigar. Quod a parentibus habebam dedi,
et a *rebus* aliorum recipiebam.» Marzban dicit : «Quare a Cae-
*p. 73. sare deficis et ab eis qui *in terra eius potestatem exercent? Nonne 30
scis male agere qui a dominis suis deficit? Et, si vis, te Romanis
reconciliabo et eorum voluntatem facies, et in quiete ac pace vives.»
Beatus dicit : «Ego a rege nostro victorioso ac pacifico ac benigno
non deficio. Equidem, sicut conservi mei, ut etiam debemus, ei
ut in mundo subiectus sum; et pro eo oro ut secundum Dei volun- 35
tatem regnum suum administret.» Et, cum audiisset eum regem
tantum laudare, clamavit et dixit quemadmodum laudare solent :

---

[1] πολίτεια.

«Fortuna regis regum sit tecum, qui Deo par est.» Et dixit ma-
gnatibus suis : «Miramini vel quantum eum coram nobis calum-
niati sint qui eum accusaverunt, vel quantum hic eos laudet
seque eos amare ostendat.» Et dixit beatus : «Discat magni-
5 tudo vestra eos ob nihil aliud me persequi nisi quod fidem meam
non relinquo in qua baptizatus sum et ei qui me oderunt, nec
me alii subicio, quam ipsi etiam antea sicut ego repudiabant.»
Marzban dicit : «Ego magus sum, et sunt mihi duo filii. Si mihi
dixisset dominus noster rex regum : «Nisi id quod tenes commutabis
10 et aliquid aliud accipies, duos filios tuos coram te mactabo; *hoc* in
me susciperem ut a sanguine amborum mihi in os inicerent, neve
id quod teneo commutarem. Mendacia enim esse didici quae contra
te dicta sunt.» Et post multa alia quae sanctum interrogavit, eique ut oportebat respondit [1], eum *ad *locum* ubi inclusus erat misit; ˙p. 74.
15 putabat enim donum sibi ab eo datum iri. Et venit aliquis ab eius
hominibus et dixit ei : «Si quid habes quod des, quoniam scimus te
iniuste comprehensum esse, relaxabimus te et effugies.» Dicit ei
beatus : «Revera, *dico,* si venisset rex noster Romanorum, et me
comprehendisset et mihi imperasset ut fugerem, non fugissem;
20 nec quidquam possideo, et Dei auxilio neminem timeo.» Et, cum
ibi Nisibi triginta dies implevisset, misit Ephrāim id quod Persis
pactus erat; qui simul atque acceperant mandaverunt et Romanis
traditus est; et eum adsumptum Daram introduxerunt cum exercitu
multo qui eum in limite receperat; et ibi quinque dies inclusus est.
25 Et valde eius causa laborabat Mamma episcopus Darae et omnes
qui hominibus et non Deo placent ut eis obtemperaret eisque con-
sentiret. Et post demonstrationes multas quas eis monstravit dixit
eis : «Male homines ei quod non verum est invitos obtemperare
violenter cogitis, ut Deus vos derelinquat, quoniam hominibus et
30 non Deo, Ephrāim et non veritati, placere quaeritis.» Et, quia
Ephrāim Rhesainam adventurus erat, atque ibi, ut putabat, sanctum Iohannem retibus suis sicut multos ligaturus, eum arcessivit,
dum in itinere est, et eum illuc cum Romanis multis adduxerunt.
Et, cum intravisset, *episcopi qui ibi aderant et principis sui adven- ˙p. 75.
35 tum opperiebantur adversus eum congregati sunt, et dicunt ei : «Quare
haec omnia facis ? Quare ecclesiam tantum perturbavisti ? Quare non
vitam privatam agis ut socii tui ? Qui canon permittit ut facias id quod

[1] Sc. Iohannes.

faciebas?» Dicit eis : «Tumultu [1] exstante, ecclesia canonum accura-
tionem [2] non observat; ut novistis et discere potestis, quam accuratio-
nem observaverit dignus memoria sanctitudinis et sanctus martyr
Eusebius Samosatae episcopus eis quae Ariomanitis ecclesias obtinen-
tibus faciebat, vel Athanasius magnus, vel alii eis similes?» Dicunt 5
ei : «Tace ab eis quae tibi haud prosunt. Etiam nunc modo domino
patriarchae obtempera, et omnia irrita faciet ac remittet; et cum
honore et gloria ad sedem tuam ibis.» Dicit eis : «Quem me *esse* [3]
audiebatis? et ipsi exiretis et discederetis et propter peccata vestra
lacrimaretis. Pro me nolite lamentari. Nemo vomeri aratri ma- 10
num inicit et retrorsum spectat, et Dei regno idoneus est [4], secundum Salvatoris nostri doctrinam. Et ipse porro nobis dixit : Recor-
damini uxorem Lōṭ [5]. Et porro in Ezechiele propheta scriptum
est : Quando populi terrae tempore festivitatis coram Deo intra-
bunt, quicunque porta septentrionali adoraturus intrat, porta me- 15
'p. 76. ridiana exeat : et, quicunque * porta meridiana intrat, porta septentrionali exeat; neve porta qua intrat exeat, sed contraria exeat» [6].
Et, cum significationem [7] huiusce rei dicere vellet secundum
argumentum quod dicere proposuerat, quod etiam invitis eis
dixit : «Non oportet eos qui Christi discipuli facti sunt et mandata 20
eius vivifica in anima receperunt retrorsum verti et quae in terra
sunt et non in caelo cogitare, et cum temporibus commutari et
omni vento se inclinare, et omni ligno inniti, et omni via ambulare,
et ab omni aqua bibere, ut sapientia eos qui in his rebus conver-
santur contumelia afficit, sed debent fortes in constantia sua ac 25
vitae ratione perseverare, in gradu quemque suo, quicumque ex
ordinibus Christianorum est», dicit ei quidam ex eis, hoc est Asylus,
episcopus Rhesainae [8] : «Quod supra dixisti in libro Ezechielis non
est.» Et dixit ei beatus : «Revera et vobis dicere oportet : Hac de
causa erratis quod scripturas non novistis, nec Dei potentiam» [9]. 30
Et dixit eis : «Neque etiam si his plura mihi dicetis, sive blandi-
mentis sive minis *usi*, sicut polypus fiam, de quo scriptum est,
quando laedere vult ut sibi cibum inveniat, quamcumque rem
tangat, hanc ei naturam esse ut secundum colorem eius commute-
tur.» Et irati sunt omnes et surrexerunt *et* recesserunt. Et postero 35
'p. 77. die, *in secretario hiemali ecclesiae congregati, nuntio misso eum

---

[1] ἀκαταστασία. — [2] ἀκρίβεια. — [3] Vel «Quid a me». — [4] Luc., ix, 32. —
[5] Luc., xvii, 32. — [6] Ez., xlvi, 9. — [7] θεωρία. — [8] Cf. Zach. Rh., ix, 19.
— [9] Matth., xxii, 29.

vocaverunt; et eadem ei loquebantur, dum eum deceptorem vocant
ecclesiaeque perturbatorem. Et dixit eis : «Quis ecclesiam Dei per-
turbat, ego aut qui magnos exercitus Gothorum ducunt et populum
Dei se submittere omnibus cruciatibus violenter cogunt? Et qui
5 veritati adhaesit mundi opes publici iuris[1] facit ut diebus paganorum. Quando vidistis vel audivistis homines cum gladiis ac fusti-
bus ecclesiam intrare? Quem decepi, ut dixistis, qui a montibus
et desertis nonnisi raro intrem? Vobis aurum; vobis libertas; vestra *est*, ut ita dicam, terra universa : et principatus datis, et pro-
10 missa facitis. Et, quamquam ita *est*, homines a vobis ut ab hostibus
fugiunt : et dicitis me mundum decepisse, cum nihil eorum quae
vobis sunt apud me exstet; vobis enim obtemperare oporteret qui
haec omnia habeatis, et non mihi pauperi. Et, si quis ad me venit et me de veritate interrogat, me mentiri vultis? Eo quod veri-
15 tatem dico decipio?» Et post haec Christophorus Amidae chorepi-
scopus post tempus *nonnullum* ei dixit : «Tunica tua crinium, vesti-
bus nigris, barba longa *mundum decipis.» Dicit ei beatus : «Hic   ˙p. 78.
sermo puerorum non instructorum est. Quicunque igitur crinibus
vestitus est vel qui ut sancti antiqui vestitus est qui hoc exemplum
20 humilitatis nobis ostenderunt, et ceteri de quibus testificati sunt
libri sancti eos hoc ipso vestitu humili Deo placuisse deceptores
sunt secundum dictum tuum; tu etiam tunica crinium vestitus es,
nec quisquam te tunc deceptorem vocaret.» Ita sermonem suum
cum eo incipiebant, atque ita finiebant. Homines autem numero
25 haud pauci in hac urbe Rhesaina congregati erant, a pagis et ab
aliis urbibus : et quorundam opera multi etiam armati erant ut
accusatores iniusti essent; quos omnes Dominus ad silentium re-
duxit. Testificabantur enim cum multis aliis rebus argentum multum ordinationibus[2] collectum esse : et in hac re etiam mendacium
30 eorum confutatum est, et vicit veritas. Hoc autem cum diligentia
inquisitum est, neque eum quidquam ab *ullo* homine recepisse
repertum est, nec sibi neque eis qui secum erant, ne unam quidem minam. Et, cum Ephrāim patriarcha cum magno exercitu se
comitante advenisset, magna eum pompa acceperunt, bigis et
35 carrucis et mulis sub iugo vinctis. Qui die postquam intravit hora
matutina nuntio misso sanctum a *loco* ubi inclusus erat adduxit,

---

[1] τιτλῶσαι; cf. Iɔн. Mᴀʟ., p. 245, l. 11 (Sᴏᴘʜᴏᴄʟᴇѕ, *Greek Lexicon*, s. v.). —
[2] χειροτονίας.

Romanis multis eum praecedentibus ac sequentibus, qui fustes
portabant. Spatium vero non erat, ut *ita* dicam, in quo aliquis
gressum pedis terrae imponeret et ambularet, propter homines *qui
ad hoc spectaculum congregati erant. Et Romani qui eum ducebant
magna multitudine[1] divisa eum per eos transire facere vix pote- 5
rant, dicentibus omnibus qui fideles erant : «Cui a pueritia ad senectutem serviisti, is tecum erit.» Et coram Ephrāim intravit, ubi
in secretario ecclesiae paratus sedebat, et episcopi hinc et illinc
sedebant, et populus multus ex eorum *asseclis* ante eos stabant.
Dictum est enim ab eis Ephrāim : «Noli cum eo coram populo lo- 10
qui : quia, priusquam sanctitudo tua huc adveniret, multa cum
eo locuti sumus ut obtemperaret, et is nobis talia respondit : et
paullum afuit quin strepitus magnus ex hac re fieret.» Et surrexit
statim Ephrāim, eumque sumpsit et baptisterium intravit, et suorum nonnullos, et alios e nobilibus saecularibus, et Rufinum scho- 15
lasticum suum. Quidam autem inter stantes clamabant dicebant-
que : «Hunc comburi oportet. Hunc lapidari oportet.» Et cuncto
populo extrinsecus expectante ut videret qui exitus negotio futurus
esset, Iohanni episcopo Ephrāim ita dicere incepit : «Talem hono-
rem tibi tribuo ut sedens cum te stante colloqui nolim, sed amore 20
ac pace alter cum altero confabulemur. Et primo Deum imploro
ut, si veritatem tibi dicam, cor tuum aperiat ut verba mea exau-
dias. Si autem errorem putabis, nec si obtemperare voles, tibi per-
mittemus.» *Iohannes vero ad hoc etiam dixit : «Ego apud vos nihil
dicam; nec, si dicam, proficiam; sicut non profecerunt multi me 25
meliores qui vobiscum saepe collocuti sunt. Num potest *vir* pauper
sicut ego cum patriarcha in hoc tumultu[2] disceptare? quia patriarcha et metropolitae, non dicam universa synodus, de hac quaestione congregari debebat, ut corrigeretur id de quo contentio est,
ut sanctae ecclesiae mos est.» Dicit Ephrāim : «Fidem[3] unicuique 30
dicere licet; nec quisquam gradum[4] neque aliud quidquam spectat, sed unicuique licet de fide id quod vult dicere. Non enim
sapientes nec sophistae fidem[3] nostram invenerunt, sed sutores
tantum et piscatores et alii viri. Dic autem nobis qua re nos aliquid alienum dicere putes. Neminem enim oportet, si male credit, 35
in fide[3] sua perseverare, et Iudaeis Samaritanisque adsimilari,
quos male credere nemo non novit, qui ante alios Iudaeos erubes-

'p. 79.

'p. 80.

---

[1] ὄχλος. — [2] ἀκαταστασία. — [3] πίστις. — [4] ἀξία.

cunt, quibus placuit male credentibus mori. Oportet enim nos a
malis ad bona converti.» Iohannes dixit : «Bene dixistis; bona
sunt verba; nec vobiscum nunc dicam, quia desunt mediatores
fide digni qui rem perscrutentur, et innocentem absolvant et noxium
5 condemnent. Deest nunc mediator qui sine partium studio iudicet.»
Ephrāim dicit : «Quoniam hoc tibi placuit, ego tacebo. Adsunt laici;
cum eis loquere quidquid vis.» Et statim adpropinquavit Rufinus
scholasticus, seque sub barba beati omni *saevitate contraxit, oculis *p. 81.
defixis atque ore inter loquendum contorto (ita enim loqui solebat);
10 et voce alta atque aspera ita ei dixit : «Ecclesia fidelis dicit : Unus e
Trinitate, Dei Verbum, corpus adsumpsit et homo factus est; et sanc-
tam Dominam Mariam Dei genetricem confitetur ac proclamat....[1]
miracula et passiones eius. Dic coram universa urbe in qua *re* sanc-
tam ecclesiam inculpes.» Iohannes dixit : «Noli me clamore tuo
15 perturbare, vel expectare te me territurum. Horam sermoni faciamus. Ego autem et nunc et omnes dies vitae meae unam naturam
atque hypostasim Dei Verbi qui corpus adsumpsit proclamabo,
sicut sancti patres, et sicut beatus Cyrillus, qui contra eos qui post
unionem duas naturas dicunt magnum certamen fecit.» Rufinus
20 dicit : «Num Dei Verbum qui corpus adsumpsit una est natura?
num Dei Verbi et corporis unam dicis naturam?» Iohannes dicit :
«Non ita.» Rufinus dicit : «Ergo alia est natura Verbi, et alia natura corporis.» Iohannes dicit : «Probe incepisti, et perverse finiisti.
Ego autem nihil novum dico ut dixisti. Neque enim multis neque
25 paucis *verbis* vobis respondere quaesivi : aerem enim verberat[2] qui
vobiscum loquitur. Ego, ut supra dixi, sicut a sanctis patribus dici-
tur, unam naturam atque hypostasim Dei Verbi *qui corpus ad- *p. 82.
sumpsit sine confusione, sine mutatione dico; et duas post unionem
non dico. Christum e duabus naturis unum agnosco. Qui autem
30 duas post unionem dicunt patribus contrarii sunt.» Rufinus dicit :
«Hae duae naturae utrum subsistunt an confusae sunt? Nonne
exstant?» Iohannes dicit : «Noli quae in os tuum veniunt rogare.
Audi beatum Cyrillum qui in sermone suo «Unus est Christus» ita
dixit : «Et quis est qui ita insanus est indoctusque ut vel naturam
35 «Verbi in id quod non est mutatam esse, vel carnem transformationis
«modo in ipsius Verbi naturam se convertisse putet? Fieri enim
«nequit. Unum igitur Filium esse dicimus et unam eius naturam,

---

[1] Aliquid excidisse videtur. — [2] I *Cor.*, ix, 26.

4.

« etiamsi in adsumptione carnis anima intellectuali praeditae fuisse
« agnoscitur »[1]. Aperi porro aures tuas, et quae ab epistula eius
ad Acacium *inscripta desumpta sunt* exaudi, quae sunt haec : « Hac
« de causa igitur, cum ea e quibus unus ac solus Filius et Dominus
« Iesus Christus consistit velut ratione accipimus, duas quidem na- 5
« turas unitas esse dicimus : post unionem autem, eo quod iam abo-
« lita est sectio in duas, naturam Filii unam esse credimus ut unius,
« incarnati tamen et hominis facti »[2]. Rufinus dicit : « Utrum id quod
ratione tua vidisti exstat, annon? An altera ex eis alteram absorpsit? »

* p. 83. Iohannes dicit : « Dictum est *rursus a beato Cyrillo : « Quando igitur 10
« modus incarnationis inquiritur, duos[3] qui alter cum altero ineffa-
« biliter et inexplicabiliter uniti sunt mens humana semper conspicit »[4]. Et statim Rufinus Iohannis sermonem interrupit, neque
ut totam hanc citationem[5] compleret ei permisit; et dixit clamans :
« Ecce ! duos dixisti mentem humanam conspicere. » Et manibus 15
ambabus ad caelum extensis clamavit, et ante ora Iohannis inter
eum et Ephrāim stat, et dicit : « Vicit Christus. Vicit ecclesia. Unus
est Deus. A populo pudore afficitur ut recte confiteatur. » Et omnes
cum clamore strepuerunt, nec Iohannem amplius loqui siverunt :
noverant enim quid dicturus esset. Et statim Ephrāim ad populum 20
egressus Rufinum cum eo reliquit, et alios disceptantes : et egressus
populo dixit : « Ecce ! vidistis quo honore eum receperim, et intus
rogavi eum quomodo crederet, et, ut confitemur, et ipse confessus
est; et ipse quoque de Christo duas naturas dixit. Pudore afficitur
ut nobis communicet. » Et statim omnes qui « manipulis hordei et 25
frustis panis », ut scriptum est, conducti sunt[6], quorum spes hoc
tantum est, id quod oculi eorum carnis vident, « quorum Deus sto-
machus eorum et gloria ignominia eorum »[7], qui, ut scriptum est,
« Domino nostro Iesu Christo non inserviunt sed stomacho suo »[8],

* p. 84. quorum tota « mens in terra est »[9], qui[10], cum *iudicium iniustum 30
quod factum est non vidissent, quod iudicium perverse exiisset, lau-
data violentia iniusta omnes una voce ita clamaverunt : « Multos
annos doctori vero Mār Ephrāim ! Multos annos praeconi veritatis !
Qui tibi non consentit haereticus est » : cum multis aliis *vocibus* ina-

---

[1] *P. Gr.* (Migne), LXXV, col. 289. — [2] *P. Gr.*, LXXVII, col. 192, 193. —
[3] Requiritur potius « duas naturas » : B « duas res », quod melius est; sed cf. p. 91
textus, l. 22. — [4] *P. Gr.*, LXXVII, col. 232. — [5] χρῆσις. — [6] Ez., XIII, 19.
— [7] *Philip.*, III, 19. — [8] *Rom.*, XVI, 18. — [9] *Philip.*, III, 19. — [10] Sic textus,
contra grammaticam.

nibus quas clamabant. Et fuit actio [1], in qua Iohannem duas naturas
Christo adscripsisse calumniose adfirmaverunt. Et, die iam ad oc-
casum inclinato, cum beato, qui inter omne illud frigus multum
in baptisterio inclusus erat, Rufinus et socii eius disceptabant, dum
5 alius alii contra eum succedunt, quoniam, ut *ita* dicam, pauca
anima ei inerat; ieiunium enim fuit, et ob ieiunii laborem et ob
frigus multum vox eius aegre exibat. Et postea ad *locum* ubi com-
morabatur adductum in domo interiore incluserunt; et intrinsecus
cum eo et extra repagulam custodes constituerunt. Et die postero
10 venit Rufinus tentator, et cum eo disceptare incepit, genibus iuxta
beati genua positis; et clamore *usus* loquebatur, ore et capite secundum syllabas [2] quas enuntiabat velut insani contortis; et eum Mani-
chaeum vocabat. Et dixit ei beatus : «Ipse omnia loqueris, nec me
loqui sinis : ita mihi etiam heri coram patriarcha tuo fecisti,
15 quando sententiam meam cuius fine haud modice puncti essetis
interrupisti. Hoc scholasticorum nota [3] non est : haud pulcra est
consuetudo [4] sapientiae tuae. Sic mundum convertitis; sic et Mundir
Arabs *violenter convertebatur.» Et Rufinus dixit : «Capite carens [5], *p. 85.
quis est caput tuum ? Post quem vadis ?» Iohannes dixit: «Proprium
20 nostrum caput Christus est; et, post Christum, patriarcha Mār Seve-
rus, et patriarcha Mār Theodosius, et patriarcha Mār Anthimus, cum
omnibus ceteris episcopis orthodoxis qui veritatis causa persecutionem patiuntur.» Et statim exsiluit Rufinus iracundus et surrexit, et
in ipsum sanctum Iohannem et in eos quorum nomina commemora-
25 verat contumeliam effudit clamore magno, eorum instar qui a spi-
ritibus malis obsidentur, qui id quod loquuntur nesciunt, nec se
martyribus irridere percipiunt, nec si eos laudent; et cum omni
hac ira demoniaca ab eo exiit. Itaque etiam ceteri eiusdem coetus
faciebant, qui ad beatum veniebant : praesertim Basiliscus, ipsius
30 Ephrāim notarius, ei aperte irridebat. Et, cum vidissent se his
modis atrocibus id quod sperabant non effecisse, hac arte mutata
aliaque quae est blanditiarum suscepta, nuntio misso eum ad *locum*
ubi Ephrāim et qui cum eo *erant* tempore vespertino congregati
erant perduxerunt, et multa cum eo leniter per multum tempus
35 collocuti sunt, ut eis obtemperaret, et ut locum suum intraret.
Et, cum vidissent eum neque hoc *modo* sibi obtemperare, perturbati sunt magis quam prius perturbati erant; et Bar Kīlī

[1] πρᾶξις. — [2] τόνος. — [3] γνῶμα. — [4] ἔθος. — [5] Hoc est ἀκέφαλε.

Amidae eum adsumpsit et domum quandam introduxit, et easdem
blanditias ei iterum adhibebat. Et, cum vidisset eum fraudibus
eorum non obtemperare, exclamabat et sancto dicebat : «Da pro-
*p. 86. missum[1] te non fuga usurum, *ut actionem[2] faciamus. Iura mihi te
non fuga usurum. Mendax es, nec quisquam tibi credit.» Iohannes 5
dixit : «Sapiens iudex *est* : simul iuramenta et actio[2]; si iuramentis
credis, quare facis actionem[2]? Polliceor me non fuga usurum. Nec
si rex mihi imperasset ut fugerem, fuga uterer. Quidquid valetis
facite.»

Et, post haec omnia atque his plura quae ei fecerunt, Antio- 10
chiam eum miserunt, cum Romanis multis qui eum ducturi
constituti erant. Et iter eius ex quo Nisibi eum amoverunt donec
eum Antiochiam introduxerunt dies triginta implevit, dum ex urbe
in urbem caute portatur, et porro ut hunc mundo ostenderent
Iohannem esse qui plures iam annos haec eis faceret, ut manus 15
eorum relaxarentur qui in eo post Deum confidebant correctum iri
quae descensu Ephrāim in orientem *facto* corrupta ac perplexa
erant. Cum autem hic sanctus Ḥārrān pervenisset, dum Antiochiam
adscendit, Cometas qui eum ducebat in ipsa *urbe* Ḥārrān in cubiculo eum inclusit, in domicilio viri cuiusdam qui paganus esse di- 20
cebatur, caute custoditum. Hic autem Cometas fidelibus quibusdam
quos ab *urbe* Ḥārrān comprehenderat multa mala inflixit, et in omnibus pagis atque in omnibus urbibus quas intrabant etiam eis *qui* sui
coetus *erant* similiter faciebat : et, si quis ei in via occurreret, sive
pauper sive dives sive mulier, opprobrio magno eos sub praetextibus 25
*p. 87. afficiebat : *omnibus enim his malis quae faciebat praemium eorum
ac remunerationem ducatum sibi pro eis datum iri sperabat : propter
hanc enim spem et propter hoc promissum ut in omnia haec mala in-
cideret sese praecipitaverat. Quodam die autem in ipsa *urbe* Ḥārrān
diaconum quendam orthodoxum cum aliis comprehensum func 30
retrorsum vinxit, et a terra *sublevatum* trabibus tecti tempus lon-
gum suspendit : et ille prae angore exclamat ac dicit : «Christe Dei
Fili me adiuva.» Et Cometas insolens blasphemia usus est, quam
nobis scribere non licuit, ne auditores eius corde percellerentur.
Cogebat autem eum oblationem recipere, vel tot et tot daricos 35
dare. Blasphemus enim fuit hic miser et gloriosus. Et haec huius
viri pauca *sunt facta* quae narravi, ut videatis cui belluae perniciosae

---

[1] φωνή. — [2] πρᾶξις.

hic sanctus Iohannes traditus sit manibus eorum qui sese pastores ecclesiae vocabant. Quantas blanditias, quanta verba admonitionis religiosae a captivo quem ducebat pro salute animae suae audiebat hic miser! quarum nulla cor eius durum mollivit. Et,
5 cum hic sanctum Iohannem eduxisset, et Gyglyqe[1] iuxta Antiochiam pervenissent, chorepiscopos ecclesiae Antiochiae et oeconomos et vindices[2] ecclesiae urbis, et notarios eorum atque alios multos in monasterio quod comitis Manassis vocatur cum monachis ipsius monasterii ac vicinorum omni saevitate congregatos invenerunt. Et,
10 cum operarius fatigatus ac defessus intrasset, et Romani qui eum ducebant, et inter eos stetisset, secundum dispositionem suam eum exceperunt : quod sufficit ut audientibus notum faciat quid furor eorum illa hora fecerit. Est enim qui maledicta *in eum effuderit; ˙p. 88. est qui derisionem disperserit; est qui caput nutaverit: est qui pedes
15 moverit; est qui manus alteram contra alteram pulsaverit : perturbatio enim confusa fuit atque *hominum* frequentia importuna; vesper enim fuit ebrietatis. Et post plagas verborum suorum ei dixerunt : « Nobis a domino patriarcha per hanc epistulam quam nobis misit mandatum est ut in hoc monasterio inclusus caute custodiaris.
20 En! quos te custodituros constituimus et eos qui tecum sunt. Da nomina eorum vindici[2], et coram eo dicite vos fuga non usuros, ut actionem[3] faciamus. » Dixit reus: « Quotidie a me postulatur ut actionem[3] faciam. Si custodior, quare de me actio[3]?» Cuncti autem strepitum contra eum fecerunt et dicunt : « Et facies et custodieris,
25 ne effugias. » Et dixit : « Ego saepe dixi, et nunc iterum dico, si rex mihi imperasset ut fugerem, me non fugiturum fuisse; quia in neminem ulla re noxius sum, neque ulli *homini* quidquam mali a me factum est. » Et post hoc omnes multa clamaverunt; et dixit eis : « Id quod iussi estis facite, neve minas multiplicetis ut socii vestri.
30 Quidquid valetis sumite *ac* facite. » Et eum in cella angusta incluserunt, quae cubiculi cuiusdam a parte interiore erat, ipsum et quattuor quosdam e *sociis* eius, et repagulam eis obiecerunt. Erant autem qui eum custodituri constituti sunt septem, lecticarii[4] et monachi et vigiles[5]. Unum vero horum ipsorum vigilum Barabbam
35 vocabant, propter facta eius mala, quae eum commendaverunt et vigil factus est in domo Mār Iuliani martyris. Viros enim ac mu-

---

[1] Vocalia incerta. — [2] ἔκδικος. — [3] πρᾶξις. — [4] Clerici qui lecticas mortuorum portabant (Iustin., *Nov.*, 43; Bingham, *Antiq.*, 1, p. 336). — [5] Presbyteri nocturni officii, ut lexx. ap. P. Smith, *Thesaurus*, col. 4076.

lieres trahebat et cruciabat et carceribus committebat[1], quia hae-
* p. 89. resi diphysiticae non communicabant. *Domos etiam fidelium ob
hanc ipsam causam intrare[1] audebat; et, ut multi dixerunt, etiam
socii eius qui sanctum Iohannem custodiebant, eum[2] caedis etiam
participem esse[2], cum multis aliis rebus quae ab eo facta erant. 5
Ecce! haec facta eum commendaverunt et clericus factus est : et,
quoniam adeo sollers fuit, hunc sanctum custoditurus constitutus
est. Quae autem mala ei inflixerit, plura sunt[2] *quam* ut describan-
tur. Risu enim multo ac lascivo exagitari solebat, et verbis scurra-
rum ac scortorum; et pugnis et historiis saltatorum[3], et delira- 10
mento perpetuo : et, ut quod turpissimum est dicam, et facta
lasciva ac male ordinata quae faciebat, audientibus pudor est. Et
post id quod fletus et suspiriorum est quod faciebat risus absque
cessatione ab omnibus audiebatur. Nocte autem in cella illa exigua
atque angusta cum ipso sancto et eis qui cum eo *erant* pernoctabat 15
hic Barabbas et unus sociorum eius intra postem ianuae; et ceteri
socii eius qui extrinsecus *erant* eis ipsis qui intra *erant* repagulam
obiciebant, et iuxta postem extrinsecus recumbebant : et, quando
beatus ad mingendum exire quaerebat, qui extrinsecus *erant* repagulam aperiebant et exibat; et, postquam intravit, eam in loco 20
proprio occludebant; nec quisquam eorum qui cum eo *erant* cum
sancto colloqui audebat, nisi furtim egisset et horam observasset.
Die vero repagulam aperiebant, et, quandocunque quaereret, in
cubiculum illud exterius exibat, ianuis ac fenestris custoditis; et
nocte in loco suo inclusus erat. 25
* p. 90.   Quendam autem eorum qui cum beato erant, *qui in omni loco
eum comitabatur et in multis rebus ei Domini nostri causa parebat, Ephrāim nuntio misso ab eo removit, et in alio loco quae
duo millia passuum ab eo distabat inclusit; quoniam eum putave-
rat Iohannem sibi non consentire facere : et duo eorum qui apud 30
eum ex *hominibus* eius remanserant mentibus coacti reliquerunt eum
ac recesserunt : qua de causa magis vigilaverunt qui eum custodiebant. Assidue autem ad beatum Iohannem multi mittebantur
et cum eo disceptabant, et postulabant ab eo ut scripto declararet
quomodo crederet : et hoc *fecerunt* ut verba contra eum invenirent 35
quibus eum caperent, et os suum in eum aperirent. Is autem
absque timore fecit et ad eos misit. Et duobus diebus antequam

---

[1] *Acta*, viii, 3. — [2] Sic textus, contra grammaticam. — [3] ὀρχησταί.

fieret dedicatio[1] ecclesiae Antiochiae, quam Ephrāim secundo aedi-
ficaverat[2], causa eversionis secundae quae ibi eius diebus accidit[3],
(et episcopi multi et chorepiscopi et periodeutae et festivales (?)[4] et
monachi dicionis Antiochiae, et, ut *ita* dicam, homines innumeri,
5 congregati erant, quia mandato propter ipsam festivitatem hi omnes
congregati erant) archimandrita ipsius monasterii domus comitis
Manassis ubi beatus inclusus erat apud Ephrāim intravit (hic ipse
autem archimandrita Ephrāim pariter ac Christo morem gerebat),
et dixit ei : « Iohannes qui in monasterio meo inclusus est apud
10 te intrare ac tibi consentire quaerit; et ipse me ad te misit. »
Et statim haec fama per totam urbem exiit. Et statim Ephrāim
celeriter surrexit et ad eum exiit, episcoporum quibusdam atque
aliorum multorum[5] secum adductis; et nuntio misso eum vocavit,
et beatus in atrium monasterii omni fortitudine ad eum descen-
15 dit; et dixit ei : *« Audivi te apud me intrare quaerere; et dixi ˙p. 91.
ego : « *Quamquam* secundum regulam accuratam[6] non *est*, non
« intrabit; nam ego ad eum exibo. » Quid fecisti? Quod consilium
iniisti? Sanctaene ecclesiae consentis? nolo te in opinione tua
permanere. » Respondit Iohannes, eique dixit : « Quando ad te in-
20 trare quaesivi? Non omne quod reputatis vobis dicere licebit. Revera
non quaero, nec mihi consilium est ut te videam, neque ut intra
portas huius urbis intrem. Abite a me. Non puerulus sum, ut blan-
dimentis afficiar. » Et barbae suae apice comprehenso dixit : « Absit
ut haec mea canities ecclesiae Christi pudorem inferat. Hoc ei
25 simile est de quo me Rhesainae accusavistis, et dixistis scripsis-
tisque me duas naturas dixisse. Revera dico, si venisset Mār Seve-
rus patriarcha meus, et mihi imperasset ut Christo duas naturas
post unionem adscriberem[7], me ambabus manibus capiti eius impo-
sitis eum anathematizaturum fuisse. Quare sermonem meum Rhe-
30 sainae interrupistis nec me eum complere sivistis? Veritatis defen-
sionem a me postulavistis, et dixistis : « Fieri non potest ut non duas
« naturas post unionem dicas »; et coram vobis recitare incepi, sicut
a beato Cyrillo dictum est : « Quando modus incarnationis inquiri-
« tur, duos[8] qui alter cum altero ineffabiliter et inexplicabiliter uniti
35 « sunt mens humana semper conspicit. » Et exinde strepitum contra

---

[1] ἐγκαίνια. — [2] Cf. ZACH. RH., x, 5. — [3] Anno 528 (IOH. MAL., p. 442, 443;
IOH. EPH., ap. LAND, *Anecd. Syr.*, II, p. 301; EVAGR., IV, 6; THEOPH., A. M. 6021).
— [4] Quid sint « festivales » mihi ignotum. — [5] Sic textus. — [6] ἀκριβῶς. —
[7] I. e. « dixisset se Christo... adscripsisse ». — [8] Vide, p. 52, n. 53.

me fecistis et dixistis me duas naturas dixisse, et quominus cetera
adicerem tacui, quae sunt haec, quae clamore vestro exclusistis :
'p. 92. «Quando autem uniti sunt, nemo ullo modo separat, *sed *omnis homo*
«eum qui e duobus *est* unum esse et Deum et Filium et Christum
«et Dominum credit et firmiter accipit»[1]. Num his *verbis* videor 5
vobis duas naturas post unionem dixisse, vel ulla re ab eo quod
sum mutatus esse? Et nunc, dum vivo, et, si fieri potest, etiam
post mortem, anathematizarem quicunque aliter sentit quam ut a
sanctis patribus dictum est, a quibus docti atque illuminati sumus.»
Et Ephrāim, ad archimandritam illum intuitus, dixit : «Noli con- 10
tristari, domine archimandrita. Hic mentiri solet.» Et statim surrexit et exiit : et apud Iohannem permanserunt qui contumeliosi
sunt et irrisores, eumque contumeliis afficiebant. Qui, cum vidisset,
respondit eis et dixit : «Nobis etiam os est; et, si volumus, contumeliis sicut vos utemur; absit autem ut Christi praeceptum[2] trans- 15
grediamur et contumeliis vel maledictis utamur. Non ita didici-
mus.» Respondit quidam eorum et dixit ei : «Scimus tibi os esse
quod camelum edit, quod asinum ferum edit» : cum multis aliis
verbis quae, ut solent, dicebant. Et reliquit eos quasi in columna
stantes et ad locum suum adscendit. Et, facta dedicatione[3], qui 20
congregati erant ad regiones suas recesserunt. Et Ephrāim Constantinopolim adscendit; et, cum adscenderet, eum qui a Iohanne
separatus erat ut in alio loco custodiretur mitti iussit ut ad Iohannem veniret. Et duobus mensibus antequam requiesceret Iohannes
mortem suam propinquam esse aperte nuntiavit, et visionem etiam 25
declaravit quam viderat, de qua iuramentum exegit ne diceretur.
Orationibus autem multis et lacrimis nocte ac die vehemens et stu-
diosus erat, neque hac re satiabatur neque ab ea cessabat. Verum,
simul atque hora matutina id quod viderat declaraverat, vespere
'p. 93. ciusdem diei *beatus quidam sanctus ad eum adscendit, moribus 30
eximius et operum stupendorum patrator, ut propriis oculis unum
e miraculis quae fecit vidimus (et nomen eius fuit Heliodorus. Archimandrita enim fuit unius e monasteriis quae in monte Antiochiae
sunt. Hic ipse in monasterio comitis Manassis propter eandem
fidei rationem inclusus erat). Hic ipse senex tribus diebus ante- 35
quam moreretur supplicationem fecit et ad Iohannem episcopum

---

[1] *P. Gr.* (Migne), LXXVII, col. 232, 233; posterioris citationis sensus tantum
ap. Cyr. invenitur. — [2] Matth., iv, 44. — [3] ἐγκαίνια.

ubi inclusus erat adscendit, et eum iurare fecit et dixit ei : «Per
orationes patris nostri spiritalis ac veri Mār Severi pastoris patriarchae nemo cadaveri meo quando mortuus ero aromata imponat
nisi tu. His enim diebus moriar. Sed tu quoque noli contristari,
5 sed confortare. Mox enim venies etiam post me.» Et post tres dies
hic senex magnus requievit.

Et, ut multi nos docuerunt, a tempore quo hic beatus tonsus
est, et ut ipsi etiam tempore illo exiguo quo familiaritate eius usi
sumus oculis vidimus, inter labores eius assiduos hic erat. Fecit
10 sibi subligaculum[1] pellis a zona usque ad solum descendens; et
tunicam a se exuebat, subligaculo[1] illo indutus, et in sole per
totum diem stabat, ministerio atque orationibus vacans. Cutis
enim eius aestu solis velut ignis ardore comburebatur. Et die quodam, cum in eum desuper spectaremus, nonnulli adolescentem
15 quendam ei obtulerunt qui a spiritu malo obsidebatur, funibus
lineis ligatum, quem ante eum proiecerunt, dum sanctus ille ac
fortis in sole stat. Et, oratione super eo facta, eum unctione ora-
tionis unxit; et intra tres dies ab eo recessit qui eum vexabat, et
ordinatus ac gravis factus est : et *multi Deum laudaverunt, qui se ˙p. 94.
20 adorantium vocem exaudit et se timentium voluntatem facit.
Requievit autem hic sanctus triginta diebus antequam requiesceret
pater noster spiritalis. Et indictione prima[2], quae est annus 849us
secundum numerum annorum Alexandri, *mense* šēbāṭ *die* sexto,
sabbato medio die, e mundo exiit hic ipse pastor spiritalis, cuius
25 ante oculos mors sua semper posita erat, et qui horam obitus sui sine
oblivione contemplabatur. Et a cella inclusionis eius eductum eum
in cubiculo exteriore posuerunt; quoniam fratres ipsius monasterii
ab eo aedificati erant, et oculis eorum honoratus erat, quia patien-
tiam eius et gravitatem et mores probos viderant. Et, quia porro
30 archimandrita eorum non aderat quando beatus requievit, omnes
sedulo adscenderunt, eumque a *loco* ubi erat deductum super lec-
tum in martyrio posuerunt : et hoc ipsum filiis ecclesiae nuntiaverunt; et ad vindicem[3] ecclesiae miserunt, ut veniret *et* videret
quod Deus eidem sancto fecerat. Quae autem verba de cadavere
35 huius sancti locutus sit ipse qui missus est, cui nomen fuit Parthe-
nius, Dominus noster ei condonet[4]. Dies autem occiderat et tenebrae factae erant; et mandaverunt qui in ecclesia dominabantur,

---

[1] περίζωμα. — [2] πρώτη. — [3] ἐκδικος. — [4] Sic textus.

et custodes caute statuerunt, ne quis eum obdormiisse perciperet, et strepitus fieret et conturbaretur urbs, et zelo *ducti* id quod sibi casu obveniret ardenter facerent. Et sepultus est hic ipse sanctus media nocte quae diem dominicam praecedit. Fuit autem universum tempus inclusionis eius anni circulus et dies sex : vixit vero an- 5
* p. 95. nos LV. Et, priusquam moreretur et praesertim hora mortis, *pro pace sanctae ecclesiae et pro eis qui eum tantum cruciaverant ferventer orabat. Et cessavit labor eius, et navis eius in portum pervenit, quia certamen bonum pugnaverat, et cursum suum compleverat, et fidem suam servaverat : et venit talentum eius cum 10 lucris, et coronam victoriae[1] accepit, quoniam onus diei et calorem sustinuerat[2]. Et iam inter divitias beatitudinum est quas Dominus noster eiusmodi sanctis dixit : «Beati esurientes quia satiabuntur», et : «Beati qui nunc fletis quia ridebitis», et : «Beati estis quando vos opprobriis afficient et persequentur, et nomen vestrum ut malos 15 reicient pro Filio hominis. Gaudete illo die et exultate, quia praemium vestrum magnum *est* in caelo»[3]. Ibi enim est regio quam Christus eis promisit in praedicatione sua : «Ubi ego sum, ibi erit etiam famulus meus»[4] : cui gloria in saecula saeculorum.

FINITA EST HISTORIA SACRI AC BEATISSIMI IOHANNIS 20
EPISCOPI TELLAE URBIS.

---

[1] II *Tim.*, IV, 7, 8. — [2] MATTH., XX, 12. — [3] LUC., VI, 21-23; MATTH., V, 11. — [4] IOH., XII, 28.